Gustavo Talaván

PC CÓMO USARLA EN FORMA SEGURA

imaginador

Talaván, Gustavo Emilio
PC, cómo usarla en forma segura - 1a. ed. - Buenos Aires: Grupo Imaginador de Ediciones, 2006.
64 p.; 25x17 cm.

ISBN: 950-768-306-2

1. Informática. I. Título
CDD 004.1

Ante cualquier duda o consulta puede contactarse
con Gustavo Talaván a:
e-mail: info@gustavotalavan.com.ar
web: www.gustavotalavan.com.ar

Nota: Texas, Commodore, IBM, Windows, Windows XP, Windows Millenium Edition –ME–, Windows Update, Microsoft, Linux, UNIX, MSN Messenger, Yahoo Messenger, Grisoft, H+BEDV, Alfil Software, Internet Explorer, Outlook Express, PowerPoint, MS-DOS y Nero Express, son marcas registradas.

I.S.B.N.-10: 950-768-306-2
I.S.B.N.-13: 978-950-768-306-0

Primera edición: abril de 2006
Última reimpresión: octubre de 2006

Se ha hecho el depósito que establece la Ley 11.723

Bartolomé Mitre 3749 - Ciudad Autónoma de Buenos Aires
República Argentina
Impreso en Argentina - Printed in Argentina

Se terminó de imprimir en Mundo Gráfico S.R.L., Zeballos 885, Avellaneda, en octubre de 2006 con una tirada de 2.000 ejemplares.

A mi familia y a mis amigos.

Prólogo

Hace ya mucho tiempo, prácticamente desde principios de los años ochenta, que me dedico a trabajar con computadoras personales. Allá por el año 1981 pude comprar, en cuotas y en una casa de equipamiento de audio, la que fuera mi primera computadora hogareña. Contaba yo en esa época con veintidós años, y llevé mi Texas TI 99/4A a mi casa.

Recuerdo mi emoción mientras abría la caja, mientras conectaba la Texas al televisor de 14 pulgadas blanco y negro de mi habitación. Y la cara de mi padre, Emiliano, cuando vio que en el televisor aparecían letras y números, en vez de la programación habitual de alguno de los únicos cinco canales que había disponibles. ¿Televisión por cable? ¿En aquella época? Imposible imaginar algo así.

A partir de ese momento no pude despegarme de esta pasión que son las computadoras para mí. Pasó el tiempo y aparecieron los accesorios para mi equipo. Pude comprar alguno de los cartuchos de programas disponibles... en fin, trataba de seguir investigando.

Más adelante cambié mi vieja y querida Texas por una Commodore 64; y después, una 128; finalmente, llegó la querida y tan deseada PC compatible con IBM. Todo esto sucedió en poco tiempo: un año, o menos, porque las ganas y la avidez que tenía de conocer más estos aparatos superaban mis posibilidades y mis ingresos de ese momento.

Después vino el módem, y eso fue el súmmum, el nirvana, tocar el cielo con las manos, la posibilidad de que mi computadora pudiera comunicarse con el mundo exterior... me parecía casi increíble.

Y luego fue ver qué podía uno hacer con ese módem, leer todo lo que uno podía de las revistas que llegaban de afuera, recorrer quioscos en la calle Florida buscando lo último en publicaciones, para saber un poco más de este nuevo mundo que se asomaba.

Y así pasó el tiempo... y la llama sigue viva. Me fui especializando, estudiando, certificando, queriendo más y más de este universo digital.

Y la historia se acelera. Empieza mi contacto con los medios, los reportajes como especialista en temas de seguridad, tanto en radio como en diarios y en televisión. Y la invitación a unirme a un programa de radio como columnista, contando por este medio cosas para conocer más la computadora... y siguieron otros programas de radio, los diarios, la televisión... Y así sigue este contacto con la gente que tanto me gusta, que me mueve a publicar este libro, con parte de los comentarios que hago en los distintos programas en los que participo, y con algunas cosas más técnicas, que a veces por radio no se pueden explicar.

Todo lo que comentemos en este libro se aplica a las computadoras que tengan instalado el sistema operativo WINDOWS de Microsoft, en sus distintas versiones. Adoptando un criterio de actualidad, mostraremos las pantallas basándonos en la última versión publicada al día de la fecha, que es el Windows XP.

Espero que puedan aprovechar este libro, que lo tengan como material de consulta, y que sirva para llegar a los lugares adonde no puedo llegar a través de los medios de comunicación.

Gustavo Talaván

1 COMPUTACIÓN SEGURA EN EL HOGAR Y EN LA OFICINA

1.1 ¿Qué es la computación segura?

Vamos a empezar por definir "computación segura".

Se entiende por computación segura "la adopción de los recaudos indispensables para que el equipo de computación que estoy usando se encuentre correctamente configurado, y con los programas y aplicaciones necesarios, como para que no exista la posibilidad de que un ataque externo lo altere en forma alguna".

¿Qué tendríamos que hacer para tener una computadora segura? A medida que avancemos en la lectura de este libro, iremos conociendo conceptos, consejos, pequeños trucos, para lograr que nuestra computadora no tenga problemas y sepa defenderse de los ataques externos que podría recibir.

En el principio de la era de las computadoras era más difícil recibir algún tipo de amenaza que proviniera del exterior de nuestro equipo, debido a que no había aún desarrollos que pusieran en peligro la integridad de los equipos. A medida que algunos técnicos y estudiosos empezaron a conocer más y más sobre los *sistemas operativos,* y las posibles fallas que éstos tienen, desarrollaron técnicas para penetrar en los sistemas y violarlos. Justamente, los virus, troyanos y gusanos se aprovechan de estas fallas o vulnerabilidades.

Un sistema operativo (SO) es un conjunto de programas o software destinado a permitir la comunicación del usuario con un ordenador y gestionar sus recursos de manera cómoda y eficiente. Comienza a trabajar cuando se enciende el ordenador, y gestiona el hardware de la máquina desde los niveles más básicos (ref. tomada de Wikipedia – http://es.wikipedia.org/wiki/Portada). Son ejemplos de Sistemas Operativos el Windows, el Linux o el UNIX.

Según cuenta la historia de la computación mundial, el primer virus surgió de un juego entre dos programadores de equipos, allá por la década del 50. En los laboratorios de sistemas de la empresa norteamericana BELL, estos programadores diseñaron un juego que se llamó CORE WARS, en el que dos jugadores codificaban pequeños programas que atacaban y borraban parte de la memoria del contrincante. El juego terminaba cuando la computadora se quedaba sin memoria operativa, en el momento en que los programas de uno de los jugadores habían tomado toda la memoria disponible. Esto, que empezó como un juego, devino luego en los virus tal como los conocemos en la actualidad.

Mas adelante, iremos definiendo términos como virus, troyano, spyware y otros, que forman parte de las amenazas actuales en el mundo informático.

Conociendo los ataques posibles que existen hoy en día, y la manera en que podemos defendernos de ellos, podremos tener una computadora segura.

2 VIRUS Y ANTIVIRUS

2.1 Virus y antivirus

Vamos a empezar por definir "virus".

> ***Un virus (también conocido como virus informático), no es otra cosa que un programa destinado a dañar de alguna manera el equipo en que se encuentra instalado.***

Según Fred Cohen, un científico que en el año 1984 escribió una tesis doctoral sobre el tema de los virus de computadoras, un virus es *"un programa de ordenador que puede infectar otros programas, modificándolos para incluir una copia de sí mismo"*[1].

Los virus, además de propagarse, autocopiándose en la computadora donde se hallan instalados, también generan un daño en el equipo, borrando información o alterándola de manera notoria.

PAYLOAD
Esta virtual "carga viral" es lo que en inglés se conoce como "payload" del virus.

Los virus, por su naturaleza dañina, están programados para que puedan reproducirse y replicarse, sin que el usuario tome conocimiento de que esto se está llevando a cabo. Como es un programa, para ingresar en un equipo, un virus debe ser ejecutado una primera vez en la memoria de la computadora. Allí se libera esta carga activa del virus, y el mismo toma control de la PC. A partir de este momento, es que se dice que la computadora está "infectada con un virus", y se deben tomar los recaudos necesarios para erradicar este mal del equipo. Para ello, las soluciones van desde la "limpieza" del virus, con otro

[1] Definición tomada de Wikipedia (http://es.wikipedia.org/wiki/Portada).

programa que libere a la máquina del mismo, hasta la reinstalación del sistema operativo, decisión ésta que se toma cuando el virus invade tantos recursos que se hace imposible su remoción.

2.2 Diferencia entre virus, gusanos y troyanos

Ya hemos definido en el punto anterior a los virus informáticos. Existen también otras amenazas, como los gusanos y los troyanos. Vamos ahora a definir estos dos últimos, a fin de detectar y conocer las diferencias que existen entre ellos.

2.2.1 Troyanos

Un **troyano** es un programa que aparenta ser algo inocuo, interesante (puede ser un programa de algún jueguito de computadora o algún utilitario) pero que, una vez ejecutado, puede tener efectos dañinos para el equipo. En general, los troyanos no se reproducen a sí mismos, pero pueden ser tanto o más destructivos que un virus.

El nombre con que se designa a estos programas proviene del legendario caballo de Troya, aquella arma utilizada por los romanos en la invasión a la ciudad del mismo nombre, en cuyo interior escondía soldados que, una vez dentro de la ciudad, salieron y pelearon en una épica batalla.

2.2.2 Gusanos

Un **gusano** (en inglés, worm) es un programa que también aparenta ser inofensivo, pero que una vez ejecutado en la memoria de la computadora, comienza a replicarse en la memoria, haciendo que el equipo funcione en forma cada vez más lenta. Esto se debe a que el gusano va tomando para sí mismo más y más memoria, en forma progresiva, hasta que la computadora se pone tan lenta que es imposible seguir utilizándola.

2.3 ¿Qué es un antivirus?

Vamos a empezar por definir "antivirus".

Un antivirus es un programa destinado a evitar, por diversos métodos, la acción maliciosa de un virus, troyano o gusano.

El antivirus se instala en la computadora, y se encarga de monitorear toda la actividad de la máquina, a fin de determinar si algún proceso que va a ejecutarse es un virus o se comporta como un virus.

2.3.1 Instalación de antivirus y actualizaciones

Una cuestión importante con respecto al antivirus es su correcta y adecuada actualización. ¿Cómo se hace? Muy simple: si contamos con una conexión a Internet del tipo de banda ancha, en la cual la computadora está conectada todo el tiempo a la Web, el mismo antivirus se ocupa de chequear sus actualizaciones, a veces hasta dos veces al día.

¿Qué es una actualización? Se trata de archivos de datos, con la información de los nuevos virus, que los fabricantes de los antivirus recopilan a partir de los ataques que van detectando. Cada vez que se conoce la existencia de un nuevo virus, el desarrollador del programa antivirus pone a disposición de los usuarios estos archivos de actualización, que se descargan o "bajan" de la página Web del fabricante. Por esto es que resulta importante no sólo tener instalado un antivirus, sino también actualizarlo.

Como ya dijimos, si la conexión a Internet es constante, el antivirus se actualiza en forma automática. Pero si tenemos una conexión vía telefónica, debemos actualizar nuestro antivirus en forma manual. Según cada fabricante se aplica una rutina diferente, pero en casi todos los casos habrá disponible una actualización manual del mismo.

2.3.2 ¿Cómo trabaja el antivirus?

Dijimos que el antivirus se encarga de verificar los procesos que se ejecutan, y los chequea en busca de conductas sospechosas, susceptibles de ser consideradas un virus.

Vamos a explicarlo en términos simples. Pongamos por caso que tengo un cd-rom con un programa para instalar, por ejemplo, un juego. En el momento en que introduzco el cd-rom en la compactera, el mismo comienza la rutina de instalación. El antivirus detecta el inicio de la instalación, y verifica si el proceso que se ejecuta no está catalogado en sus archivos de datos como un virus. Si el chequeo resulta exitoso, la instalación sigue su curso sin ningún inconveniente. Si, en cambio, el antivirus detecta algún tipo de virus, lo reportará con una ventana de aviso, notificando al usuario que interrumpirá la instalación, debido a que el programa que está ejecutándose contiene un virus. En este caso, como el antivirus detectó la presencia, la máquina no ha resultado infectada.

Muchas veces me preguntan: "El antivirus me avisó que un programa que estoy instalando tiene un virus, y detuvo la instalación... Mi computadora, ¿está infectada?". En la mayoría de los casos, como se produjo la notificación al usuario, es que el antivirus detectó la conducta infecciosa del programa, detuvo la instalación, y al equipo no le sucedió nada.

Otro caso similar es el que se da cuando uno lee su correo electrónico. Supongamos que usted está "bajando" sus e-mails, y el programa antivirus le notifica de un correo con virus. Lo que hace un buen antivirus es borrar el programa que viene con virus adjunto al e-mail, y notificarle de esta situación.

También puede darse el caso de que esté chateando con algún usuario vía mensajero instantáneo (tipo MSN Messenger o Yahoo Messenger) y éste le envíe un programa a través del mismo. Si usted acepta el envío, el antivirus estará atento y alerta, para que cuando llegue el archivo a su computadora, pueda chequearlo y detectar si está infectado. En caso afirmativo, el antivirus impedirá que el programa se ejecute en la memoria de su máquina, llevando así a cabo su tarea de guardián de su equipo.

2.3.3 El Centro de Seguridad de Windows XP

Windows XP incluye su Centro de Seguridad en el Panel de Control, que se encarga de monitorear si la computadora tiene un antivirus, y si está actualizado. En caso de que el antivirus instalado no esté en la lista de los reconocidos por Windows, también se puede elegir que el usuario se hace responsable de las actualizaciones del antivirus (en la ilustración que sigue, se ve abierta la opción de Protección Antivirus, donde se lee que el antivirus está actualizado, y la protección antivirus está activada).

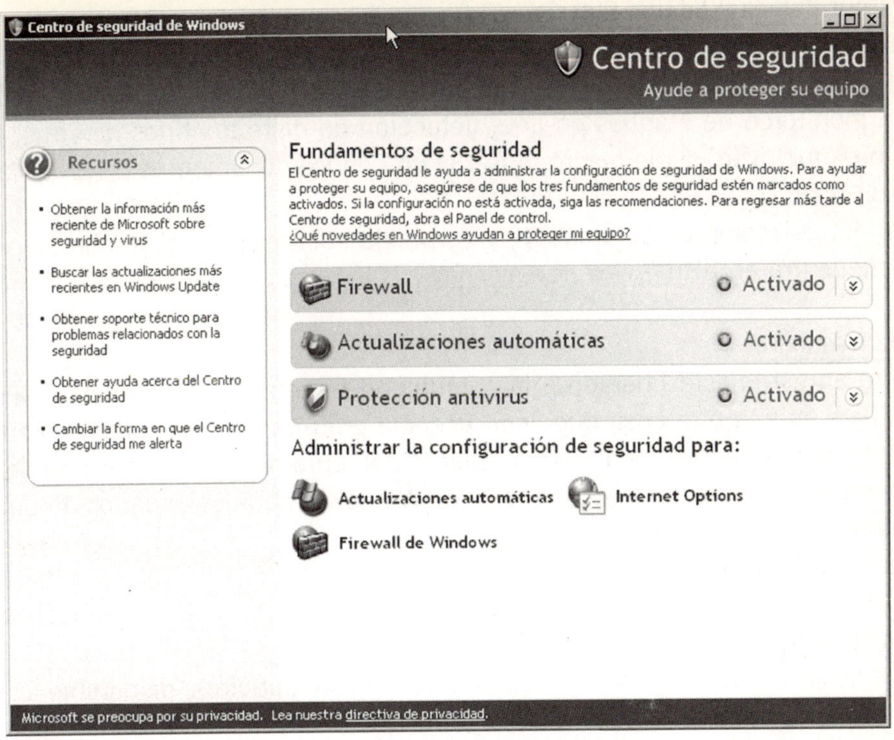

2.4 Antivirus gratuitos disponibles en Internet

Hoy en día, algunos clientes me consultan por un antivirus para su equipo, y se quejan de que los precios de estos programas son muy elevados. Mi respuesta es que, en estos momentos, el tema del precio no es excusa para no tener un programa antivirus instalado, ya que existen varias soluciones antivirus gratuitas a disposición del público en Internet. A continuación, haremos un sucinto resumen de los programas antivirus que he probado, y que son libres y gratuitos.

AVG Antivirus Free Edition

La firma Grisoft ofrece este programa, que cuenta con las funciones más comunes, tiene proteccion residente, monitorea el correo electrónico, y se actualiza automáticamente. Los archivos de datos con la solución para los nuevos virus se publican varias veces a la semana.

Se puede bajar de http://free.grisoft.com. Encontrarán, en el panel de la izquierda, la leyenda GET AVG FREE (Obtenga el AVG gratis). Deberán hacer clic en este vínculo, y esto los llevará a bajar la última versión. (Disponible solamente en inglés).

AntiVir Personal Edition Classic

H+BEDV, una firma de origen alemán, es la responsable de poner a disposición de los usuarios este excelente antivirus, que incluye un escudo residente para monitoreo de ataques on-line, detección de distintos tipos de virus, que también incluyen los de macro, que vienen con los documentos de procesadores de texto.

Su actualización es automática, y se puede obtener en inglés y en alemán. Se encuentra en http://www.free-av.com.

Clam Antivirus

Este antivirus está liberado a la comunidad bajo la modalidad GNU GPL2, que no significa otra cosa que "con licencia gratuita", y "de código abierto". Cuenta con protección residente, actualización automática, y existen versiones para otros sistemas operativos, aparte de Windows (para los usuarios de Linux, también existe una versión).

Se baja de http://www.clamav.net.

Avast Home

Los desarrolladores de Alfil Software ofrecen este antivirus, disponible en español. Protección residente, filtrado de correo electrónico en forma independiente y una interface personalizable (pueden cambiar colores y aspectos visuales) hacen de este programa un favorito para los que buscan buena performance en idioma español.

Se obtiene de: http://www.avast.com/eng/download-avast-home.html.

BitDefender Free Edition v7

Incluye todas las funciones que se pueden encontrar en la mayoría de los antivirus, excepto la protección residente. Esto implica que el usuario debe verificar en forma manual cualquier archivo que considere sospechoso. Provee de actualización automática.

Se consigue en http://www.avast.com/eng/download-avast-home.html.

También existe la opción de los antivirus "on-line". ¿En qué consiste esta alternativa?: Son páginas de Internet que proveen de un servicio gratuito de chequeo de virus (a este último procedimiento también se lo denomina "escaneo de virus") a las cuales se accede mediante un navegador de Internet. Pueden tardar varios minutos (no son procesos rápidos), pero permiten constatar la presencia de algún virus, en caso de no tener instalado antivirus en su computadora, o sospechar de que algún virus se le pueda haber "escapado" a su antivirus instalado.

A continuación, algunas páginas que proveen este servicio:

http://www.bitdefender-es.com/scan/licence.html.
http://www.pandasoftware.es/productos/activescan.
http://es.trendmicro-europe.com/consumer/housecall/housecall launch.php.

2.5 ¿Cómo detectar virus en su computadora en forma segura?

En el caso de tener que hacer un chequeo intensivo de su equipo, ante la sospecha de tener instalado algún virus, proceda de la siguiente manera:

Encienda su computadora.

En la pantalla inicial, antes de que aparezca el cartel de carga de Windows XP (o el sistema que tenga instalado), presione repetidas veces la tecla F8.

Esto desplegará un menú, del cual uno puede elegir iniciar el equipo en el *Modo a prueba de errores* (en alguna versión de Windows también se puede denominar *Modo a prueba de fallos*). Esto hace que su PC inicie en un modo al cual podríamos denominar "despojado", ya que no carga la mayoría de programas que debería cargar en su secuencia normal (en la siguiente ilustración, se ve la pantalla inicial de un Windows Millenium Edition -ME- con la opción 3 seleccionada, para entrar en el *Modo a prueba de errores*).

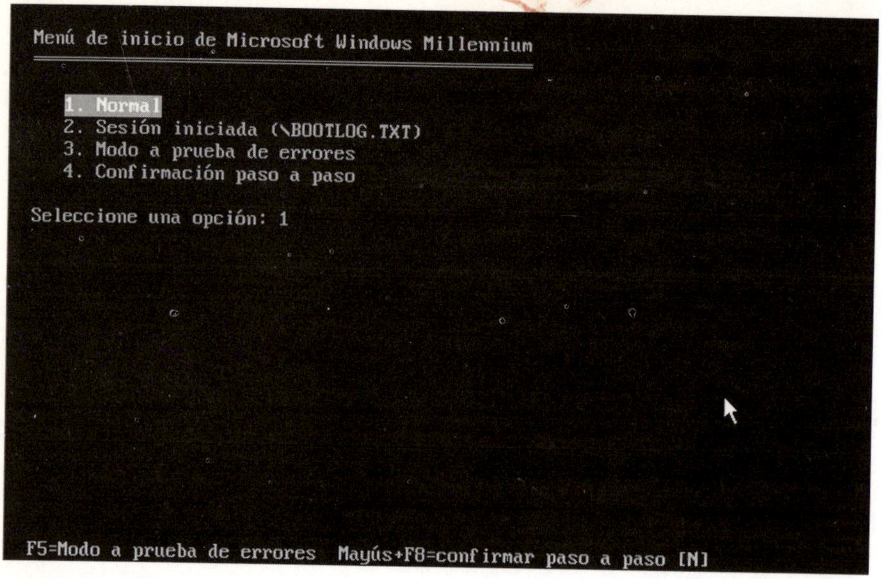

4 **Una vez que inicia el escritorio de Windows (esto es, cuando aparecen los íconos y el fondo de pantalla), abra el antivirus, y solicite el análisis de la computadora, esto es, el escaneo de las unidades de disco.**

5 **En caso de que el antivirus detecte algo, indíquele al programa que limpie el virus que encontró –si puede hacerlo–, o que borre el archivo en caso de que no pueda llevarlo a cabo.**

Esta es la secuencia correcta para un adecuado escaneo de su PC, en el **Modo a prueba de errores**, dado que en el **Modo normal**, el virus podría llegar a ocultarse ante el antivirus para no ser detectado.

3 FIREWALL

3.1 ¿Qué es un firewall?

Vamos a empezar por definir "firewall".

> ***Un firewall es un programa destinado a aislar a la computadora de Internet, permitiendo sólo que los programas autorizados a tal efecto "entren" y "salgan" a la Web sin problema alguno. Si vale la comparación, un firewall sería una especie de filtro que se ocupa del tráfico con Internet, dejando pasar sólo lo autorizado por el propietario del equipo.***

Existen también "firewalls" físicos (piezas de hardware que se ocupan de estas tareas), pero escapan al ámbito hogareño, y están destinados a empresas con redes y servidores.

CORTAFUEGOS
Los españoles han acuñado el término "cortafuegos" como traducción de firewall.

Es conveniente instalar un firewall en su equipo, especialmente si está conectado mediante alguna conexión rápida a Internet, del tipo de banda ancha, ya que su equipo está expuesto en forma constante a los ataques de hackers que tratan de penetrar computadoras conectadas permanentemente.

3.1.1 El Centro de Seguridad de Windows XP

Windows XP, si el sistema está correctamente actualizado, ya posee un firewall integrado. Forma parte de lo que se denomina **Centro de Seguridad,** que está constituido por el **Firewall**, las **Actualizaciones Automáticas** y la **Protección Antivirus**. Es por eso que si detecta que algún programa intenta salir a Internet para algo (el caso de un programa para bajar música de Internet, por ejemplo), solicita la autorización correspondiente al usuario.

Para autorizar a un programa a salir a Internet, debe procederse de la siguiente manera, bajo Windows XP, en el Centro de Seguridad:

Haga clic en la opción *Firewall* de Windows, que está ubicada en la parte inferior (donde dice *Administrar la configuración de seguridad para*) y aparecerá la siguiente pantalla:

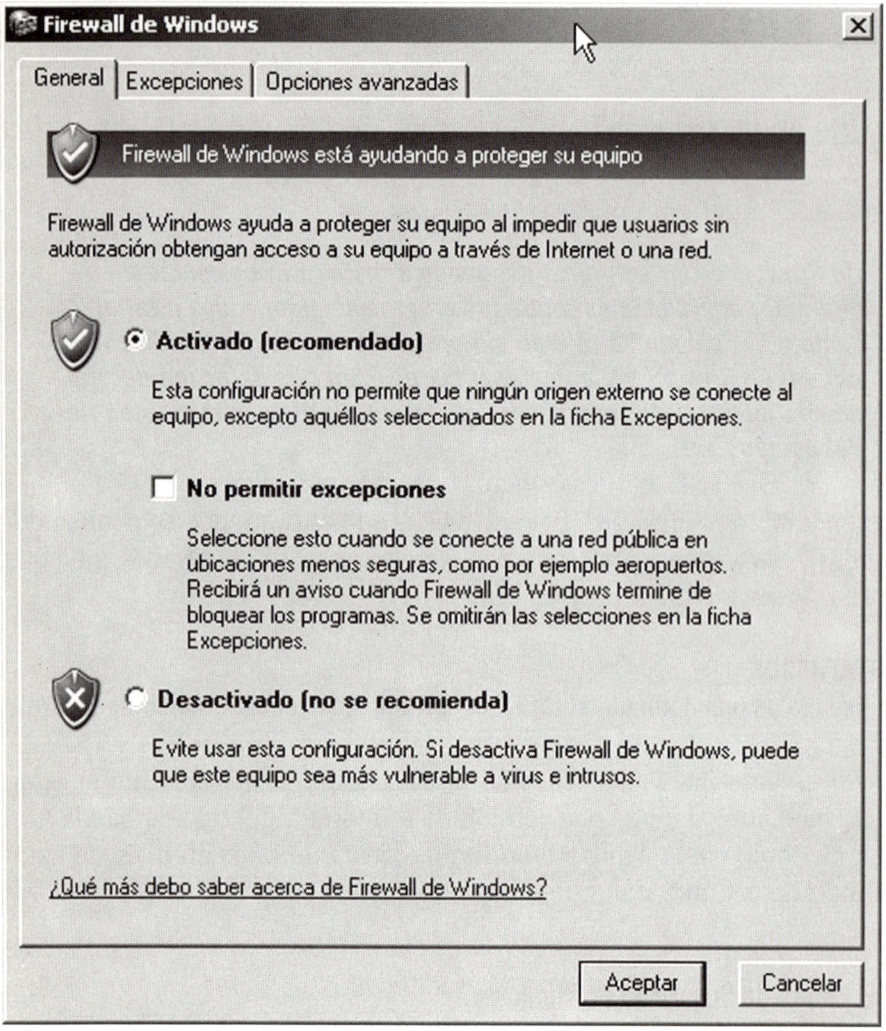

2 **Luego, haga clic en la pestaña *Excepciones*, y aparecerá la lista de programas para autorizar.**

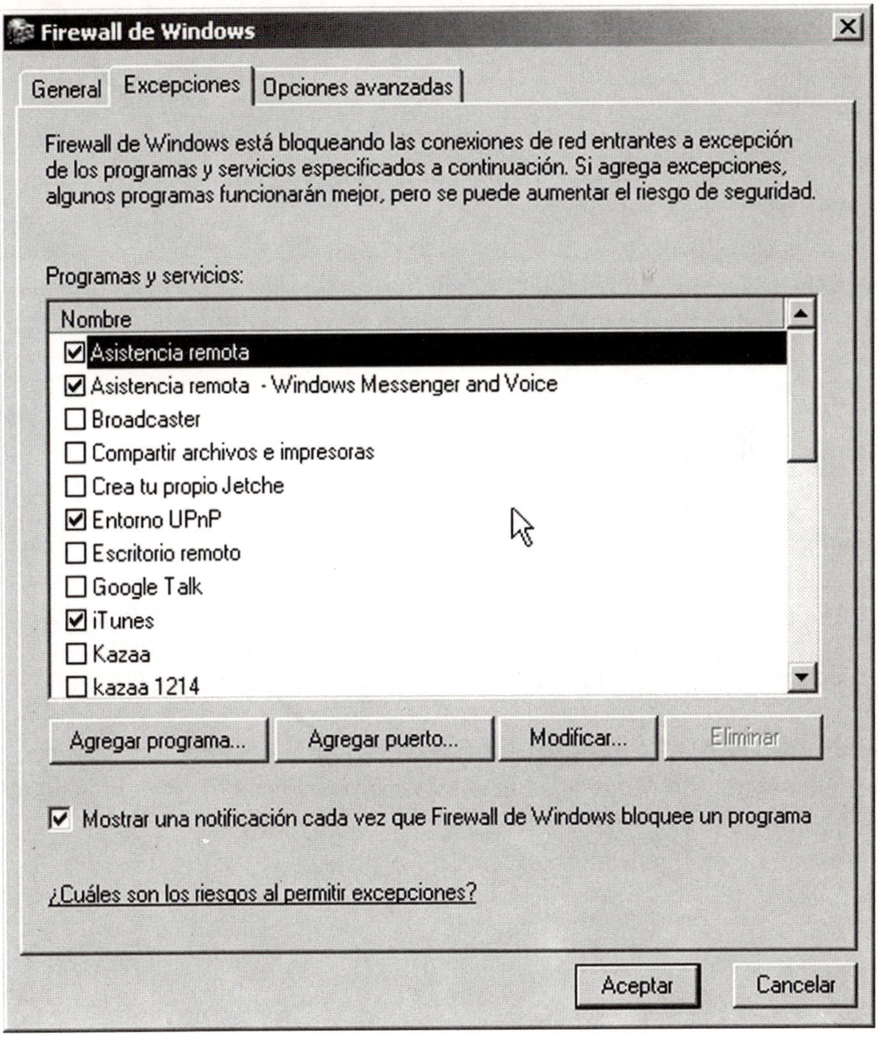

3 **Si el programa deseado no apareciera, haga clic en el botón *Agregar programa*, y búsquelo en su carpeta de instalación. De esta manera, habrá autorizado a este programa para que tenga tráfico normal con Internet.**

En el caso de tener instalado algún otro programa de Firewall, deberá consultarse la ayuda acerca de cómo autorizar un programa.

3.2 Firewall por software gratuito para bajar de la Web

Existen algunas firmas de software que ofrecen programas gratuitos de firewall. A continuación les ofrezco un programa, porque es el más efectivo y, además, es gratuito.

ZoneAlarm

Es uno de los más populares firewalls disponibles en forma gratuita. Es muy simple de instalar y configurar, y provee menús y ayuda en idioma español.

Se baja de http://www.zonelabs.com.

Una vez instalado, hay que fijarse bien en hacer clic en la opción de **ZoneAlarm** y no la de **ZoneAlarm Pro**, dado que esta última corresponde a la versión paga del firewall, e instala una versión de prueba que caduca a los treinta días.

3.3 Puertos y firewalls

Vamos a empezar por definir "puerto".

> ***Los puertos son las conexiones que el protocolo TCP/IP (es el protocolo de transferencia de archivos que utilizan las computadoras para comunicarse en Internet) establece entre el equipo y la Web.***

Los puertos son utilizados por los programas para enviar y recibir datos.

Se dice así que un puerto puede estar abierto o cerrado, cuando establece o bloquea una comunicación con Internet, respectivamente.

El firewall se encarga de cerrar todos los puertos, y abrir solamente los que deban estarlo, por la correspondiente autorización.

3.3.1 Bloqueo de puertos

En el firewall del **Centro de Seguridad** de Windows XP, existe la posibilidad de autorizar o denegar el uso de un puerto, en base a lo que necesite un programa.

Vaya al *Centro de Seguridad, Firewall,* de Windows (como vimos anteriormente) y accederá a la pestaña de *Excepciones.*

2 En su parte inferior encontrará el botón *Agregar puerto.* Haga clic en él, y aparece la ventana para ingresar los datos del puerto a autorizar.

3 Teclee un nombre que sea referencial, y el número del puerto (en general, la ayuda de los programas le dirá qué puerto tiene que abrir para el correcto uso del mismo).
La ventana es la siguiente:

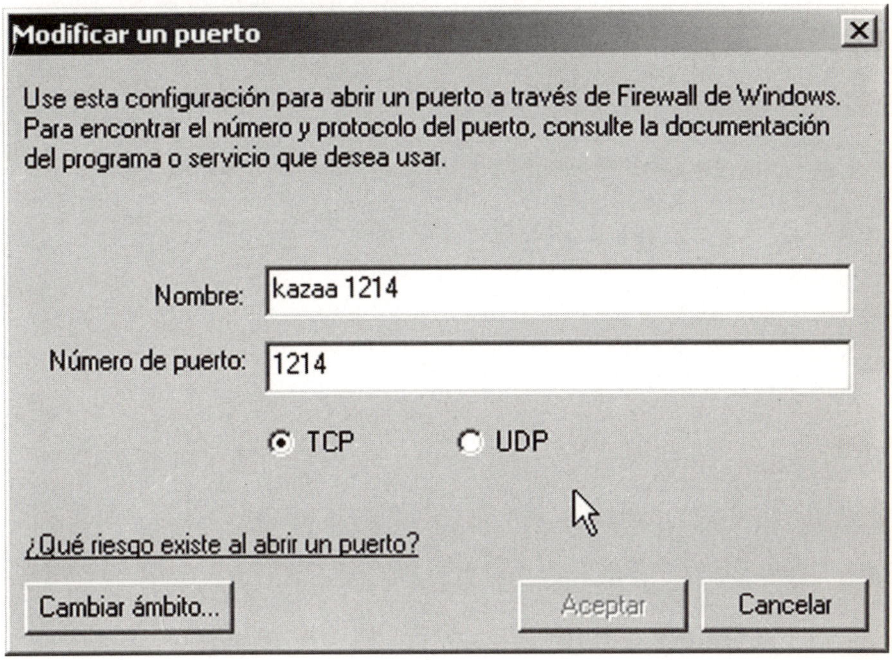

4 Una vez cargados los datos, acepte, y ya estará abierto el puerto correspondiente.

4 SPYWARE

4.1 ¿Qué es el spyware?

Vamos a empezar por definir "spyware".

> ***Según la enciclopedia Wikipedia: "Los programas espía o spyware son aplicaciones que recopilan información sobre una persona u organización sin su conocimiento. La función más común que tienen estos programas es la de recopilar información sobre el usuario y distribuirlo a empresas publicitarias u otras organizaciones interesadas, pero también se han empleado en círculos legales para recopilar información contra sospechosos de delitos, como en el caso de la piratería de software. Además pueden servir para enviar a los usuarios a sitios de Internet que tienen la imagen corporativa de otros, con el objetivo de obtener información importante.***
> ***Pueden tener acceso por ejemplo a: el correo electrónico y el password; dirección IP y DNS; teléfono; país; páginas que se visitan, qué tiempos se está en ellas y con qué frecuencia se regresa; que software está instalado en el equipo y cuál se descarga; qué compras se hacen por Internet; tarjeta de crédito y cuentas de banco"[2].***

Hoy por hoy, está muy extendida la modalidad de spyware entre las páginas de Internet dedicadas a los trucos para juegos, y las páginas con contenidos pornográficos. Es común que contengan código malicioso, y si no tenemos la protección adecuada, que contagien nuestro equipo. También pueden incluirse dentro de algún programa gratuito que bajemos de la Web; muchas veces, incluso, se consigna su instalación, pero sólo se lee en la "letra chica" del acuerdo de las condiciones de uso.

[2] Nota tomada de la enciclopedia Wikipedia (http://www.wikipedia.org).

Los spywares más comunes y vistos en el mercado, a la fecha, se denominan Hotbar, AdSofware, Xupiter, Alexa, Cydoors, Gator, Web3000, Webhancer, CoolWebSearch, BlazeFind.Bridge.

4.2 ¿Cómo detectar si su computadora tiene un spyware?

Los síntomas más frecuentes que le indicarán si su computadora está infectada por un spyware son los siguientes:

1. **Se abren ventanas del tipo "popup" (se denomina así a las ventanas flotantes adicionales) en cualquier momento mientras usa Internet Explorer, esté conectado o no. Generalmente, se refieren a temas relacionados con la pornografía, o acerca de una posible infección en su equipo.**

2. **Nota que se han cambiado –sin que usted lo haya llevado a cabo– las páginas de inicio, de búsqueda o de error de Internet Explorer.**

3. **También en Internet Explorer, aparecen botones en las barras de herramientas (los pequeños íconos ubicados en la parte superior del navegador, y que ayudan a invocar tareas en forma mas rápida) que no se pueden eliminar de manera simple.**

4. **También en la parte superior de Internet Explorer aparecen nuevas barras de herramientas, con nombres como Hotbar, Alexia y otros, que tampoco son eliminables fácilmente.**

5. **Por último, la navegación en Internet se vuelve cada vez más lenta, hasta que se hace imposible.**

4.3 Programas gratuitos contra el spyware

Vamos a nombrar los más efectivos programas para combatir el spyware, y que se pueden bajar de Internet en forma totalmente gratuita.

Ad-Aware SE Personal

Es un excelente programa que dispone de interfase en idioma español, puede poner los programas supuestamente infectados en "cuarentena" (con lo cual se puede revertir la acción de eliminación que efectúa el anti-spyware) y almacena toda la actividad que lleva a cabo.

Se obtiene en http://www.lavasoft.com (sección DOWNLOADS).

SpyBot Search & Destroy

Otra opción interesante, con menús muy simples de usar, y también disponible en idioma español.

Se baja de http://www.safer-networking.org/es/download/index.html.

SpywareBlaster

Muy útil para prevenir spywares que se activen a partir de páginas de Internet. Incluso, es recomendado por la gente que hace Spybot para inmunizar su sistema.

Descárguelo de http://www.javacoolsoftware.com/spywareblaster.html.

5 BANCA ELECTRÓNICA

5.1 ¿Qué es la banca electrónica?

Vamos a empezar por definir “banca electrónica”.

Se habla de banca electrónica cuando existe la posibilidad de operar con nuestro banco habitual a través de una página web, accesible con el navegador habitual.

En la actualidad, los bancos proveen de todas las herramientas seguras como para poder hacer casi todas las operaciones bancarias, sin que exista la necesidad de asistir personalmente a la entidad bancaria. Se puede hacer pagos de facturas, transferencias de fondos entre cuentas del mismo banco y a otros bancos también, pedidos de chequeras, compra de dólares, y muchas otras operaciones.

5.2 ¿Qué es un sitio seguro y cómo hacer transacciones seguras?

Se considera un sitio seguro al sitio web que verifica la propiedad de la página web mediante un certificado digital, que no es otra cosa que un archivo que valida la autenticidad del sitio.

Para verificar si un sitio web es seguro, haga la siguiente comprobación:

1 End **Fíjese si aparece el ícono de un pequeño candado amarillo en la barra de título de la ventana, y también que la dirección de la página web comienza por "https" (en lugar de "http").**

2 **Si el sitio web no es seguro, es posible que le ofrezca la opción de establecer una conexión segura o no segura al acceder a él, mediante una ventana de diálogo.**

3 **Si esto no se cumple, vuelva a la página desde la que ha accedido y busque un enlace a una conexión segura.**

Los sitios seguros encriptan la información que viaja hasta el destinatario. ¿Qué significa esto? Que los datos de una tarjeta de credito y de nuestra identidad que cargamos en un sitio seguro para una compra, se alteran digitalmente para ser enviados a destino, donde vuelven a ser compilados en datos normales. Esto quiere decir que si un hacker pudiera tomar la información que viaja en ese momento desde este sitio seguro hasta el destino, sólo tendría "basura" con nulas posibilidades de obtener información comprensible. Por esto es que se pueden hacer operaciones sin problemas, en tanto estemos en un sitio web seguro.

6 INTERNET EXPLORER ASESOR DE CONTENIDOS

6.1 ¿Para qué sirve el Asesor de Contenidos?

Vamos a empezar por definir "Asesor de Contenidos".

En el navegador web Internet Explorer, que es el que está instalado en todas las versiones de Windows, existe la posibilidad de habilitar lo que se conoce como Asesor de Contenidos: una caracteristica que permite vigilar y autorizar los sitios web que se visitan, con la supervisión de un administrador, que es quien veta o no la posibilidad de ingresar en un sitio web.

Un padre o madre de familia puede, recurriendo al Asesor de Contenidos, supervisar qué sitios web visitan sus hijos, y si pueden o no hacerlo. Es algo que requiere tiempo y atención por parte de quien lo administra, ya que en principio está inhabilitado el acceso a cualquier sitio web, y a medida que vayan solicitándolo, se les autorizará o no el mismo.

6.2 ¿Cómo se habilita el Asesor de Contenidos?

Para poner en funcionamiento el Asesor de Contenidos se procede de la siguiente manera:

1 End **En Internet Explorer, acceda al menú *Herramientas,* y en el mismo, haga clic en *Opciones de Internet.***

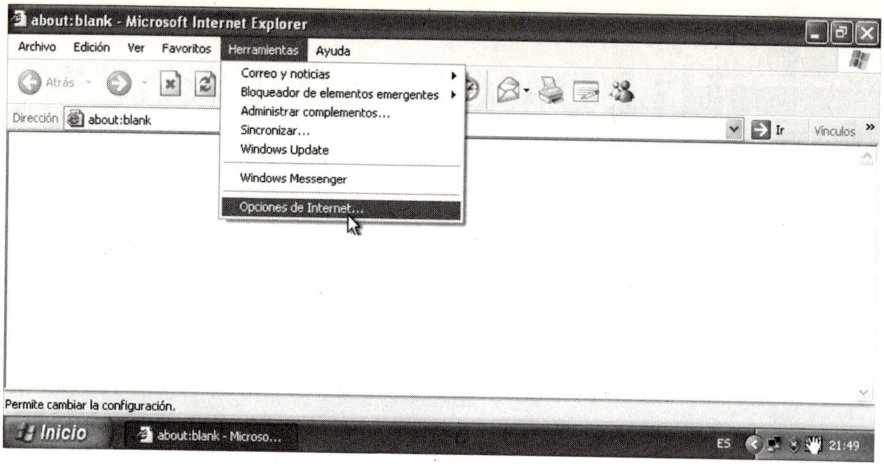

2 ↓ **Una vez hecho esto, aparece la siguiente pantalla:**

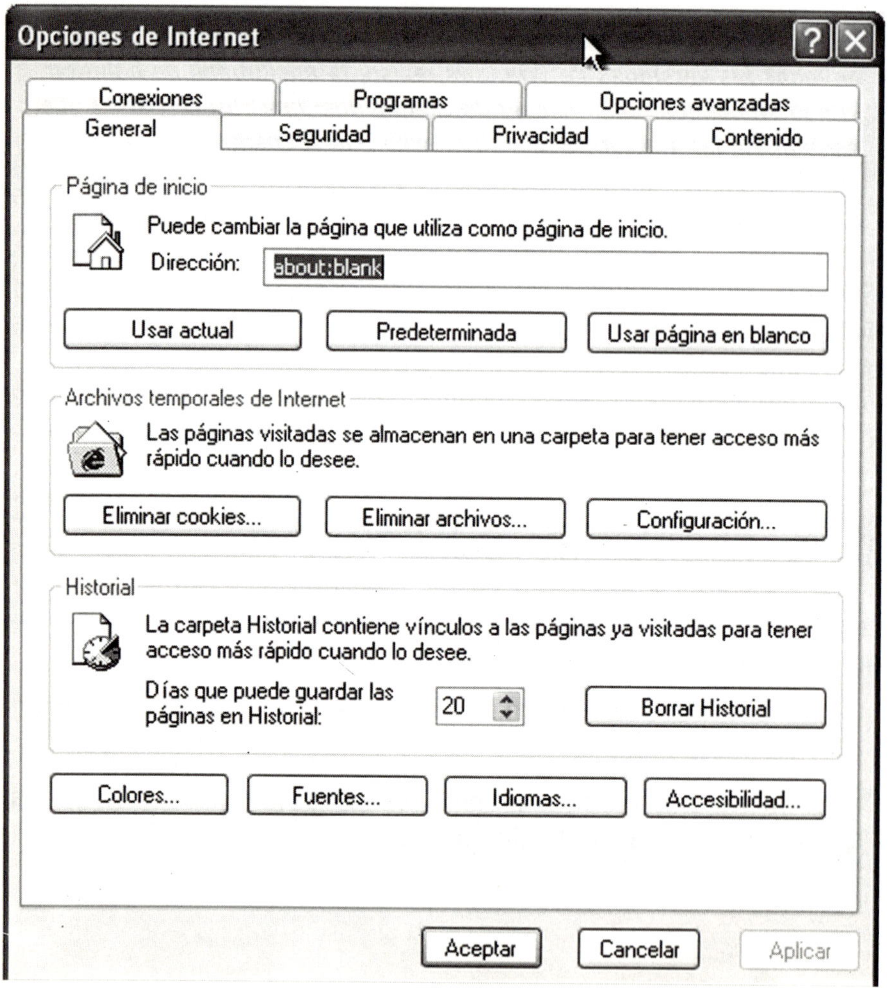

Elija, en la parte superior, la solapa *Contenido* y accederá a la siguiente pantalla:

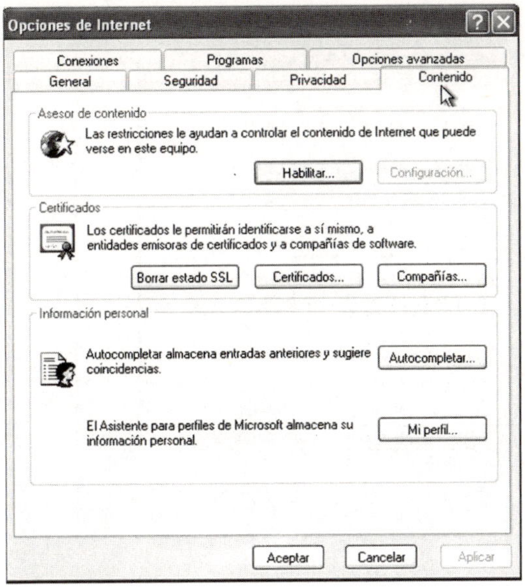

Haga clic en el botón *Habilitar* (el primero de los botones) y entrará en esta ventana:

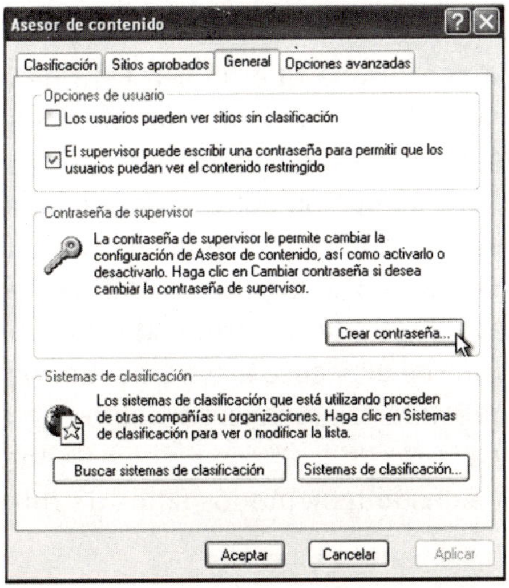

5 **Ahí deberá hacer clic en el botón *Crear contraseña,* en la parte media de la ventana, y entonces se despliega la siguiente ventana:**

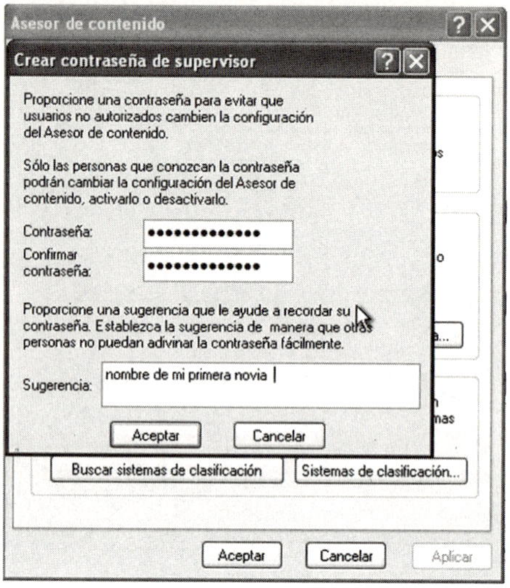

6 → **En esta ventana se debe ingresar la contraseña que, como todas las veces que se crea una contraseña, se debe tipear dos veces. La pantalla no le muestra los caracteres que realmente tipea, sino pequeños círculos o asteriscos.**

Se sugiere crear una contraseña que no sea fácil de adivinar, aunque en la parte inferior de esta ventana se puede incluir (o no, según cada uno prefiera) una pista acerca de la contraseña elegida.

Cabe destacar que con esta opción activada –la del Asesor de Contenido– Internet Explorer no permitirá entrar en ningun sitio web. Cada vez que se intente entrar en un sitio, pedirá que se ingrese la contraseña antes creada, a fin de autorizar o no el acceso a un sitio determinado. En ese mismo momento, se puede autorizar para siempre el acceso a ese sitio, una vez cotejado que su contenido es apto. Puede resultar algo cansador, pero en caso de hacerlo en una casa, para controlar el acceso de los hijos menores a Internet, es ideal, ya que se están monitoreando constantemente los sitios de Internet que se visitan.

7 CORREO ELECTRÓNICO ARCHIVO ADJUNTO

7.1 Apertura de archivos adjuntos

Vamos a empezar por definir "archivo adjunto".

Un archivo adjunto es un documento que acompaña al texto general de un correo electrónico. Podemos enviar o recibir archivos adjuntos, cuyas diferentes clases se identifican por las tres últimas letras del documento, precedidas de un punto, denominadas "Extensión del archivo".

Los archivos adjuntos más frecuentes son los correspondientes a documentos de Word (".doc"), planillas de Excel (".xls") y presentaciones de PowerPoint (".ppt"). Sin embargo, existen otros tipos de archivos adjuntos que debemos evitar abrir al recibirlos porque pueden constituir un daño irreparable para nuestra computadora. Se trata de los denominados programas o archivos "ejecutables", los que también se reconocen por la extensión del archivo con el que aparecen.

7.1.1 Tipos de archivos peligrosos

Hay varios tipos de archivos que no deben ser abiertos, porque pueden representar un peligro para la seguridad de la computadora. La siguiente es una lista de los considerados peligrosos cuando son adjuntados a un correo electrónico:

.EXE
.COM
.BAT
.PIF
.SCR
.VBS

7.2 ¿Cómo aumentar la seguridad en Outlook Express?

Outlook Express es el programa de correo que viene instalado con todas las versiones de Windows. Permite la lectura de los correos electrónicos, una vez configurado con los datos de cada cuenta.

A fin de mejorar la seguridad del programa, veremos algunos pasos para operarlo en forma segura.

1 End **En primer lugar, acceda al menú *Herramientas*, y haga clic en *Opciones*.**

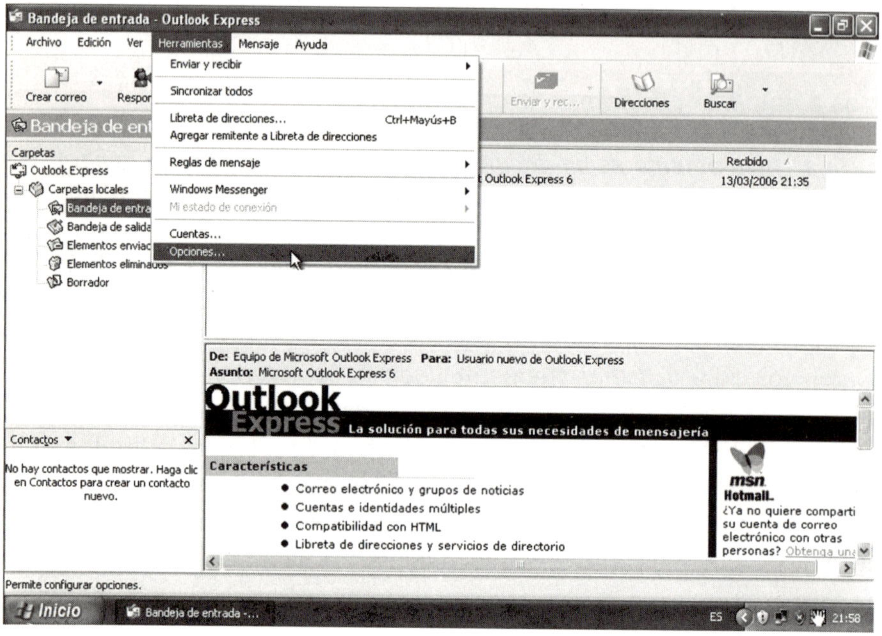

2 ↓ **Una vez abierta, se despliega la siguiente pantalla:**

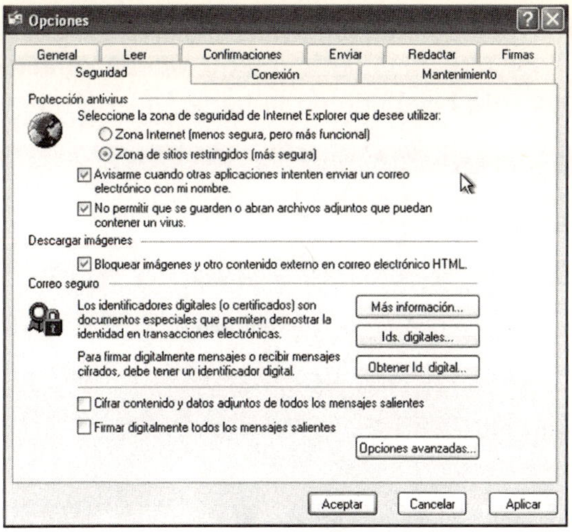

Nos detendremos en esta pantalla a fin de ver qué opciones tiene, y qué significa cada una de ellas.

Conviene seleccionar, en la parte superior, la segunda opción de **Zona de Seguridad** ("Zona de sitios restringidos (más segura)"), por tener el más alto nivel de seguridad y detener cualquier tipo de ataque vía e-mail.

También es conveniente tildar la opción **Avisarme cuando otras aplicaciones intenten enviar un correo electrónico en mi nombre**, debido a que algunos virus o troyanos pueden, una vez instalados en la computadora, tratar de enviar e-mails a nombre de la cuenta habilitada en Outlook Express. La activación de esta opción impide este tipo de conductas.

En cuanto a la opción **No permitir que se guarden o abran archivos adjuntos que puedan contener un virus**, dejo a criterio de cada uno si se activa o no. En el caso de estar activada, si uno trata de abrir un archivo adjunto a un correo –que puede ser lícito–, Outlook Express no lo permitirá. Cabe destacar que esta opción se encuentra activada por defecto, y habría que desactivarla si uno lo necesita.

7.2.1 Quitar Panel de vista previa en Outlook Express

Este es otro recaudo a tomar, a fin de configurar en forma segura Outlook Express.

Por defecto, en este programa viene habilitada la opción **Vista previa** del correo electrónico. Esto despliega, en la parte inferior, una miniatura del correo electrónico resaltado en la parte superior. Se trata de una opción peligrosa, dado que con sólo resaltar el e-mail, éste se abre (en vista previa) en la parte inferior. Es por ello que se debe deshabilitar la misma.

En la siguiente imagen se ve la pantalla de Outlook Express cuando esta opción está activada. Nótese que en la parte inferior del panel derecho está la vista previa del e-mail que está resaltado en la parte superior del mismo panel.

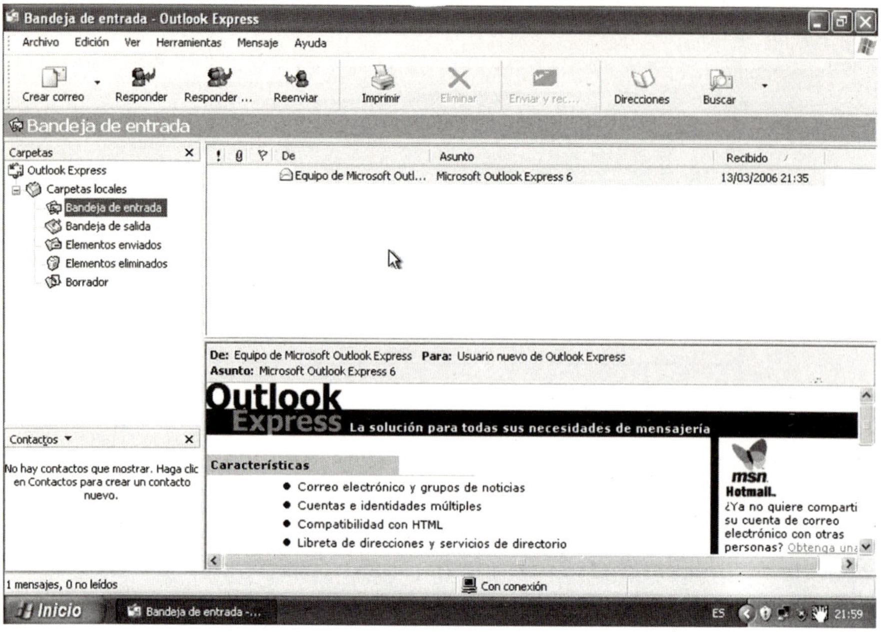

Para desactivar la Vista Previa, hay que seguir los siguientes pasos:

1 End **En el menú *Ver*, haga clic en *Diseño*.**

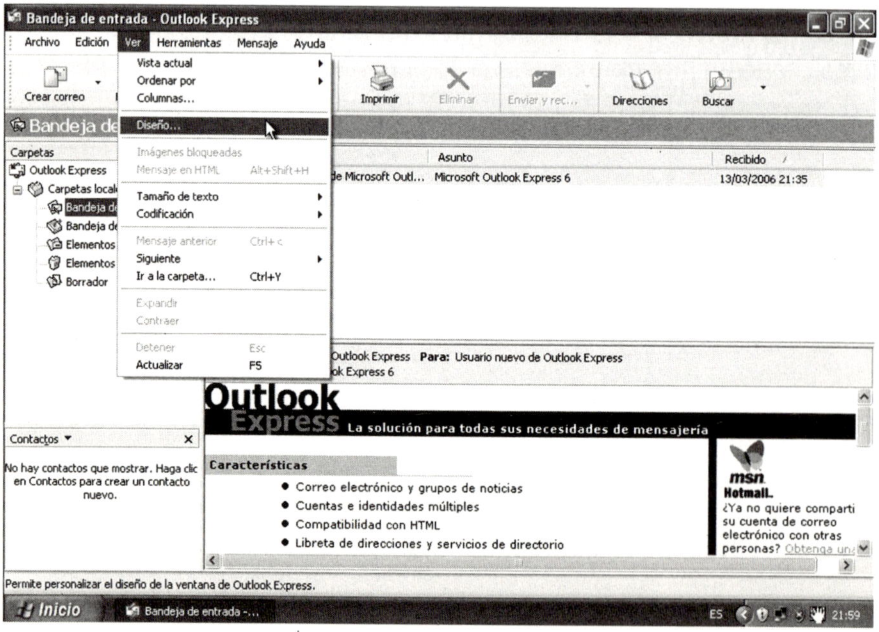

2 Una vez hecho esto, se ve la siguiente ventana:

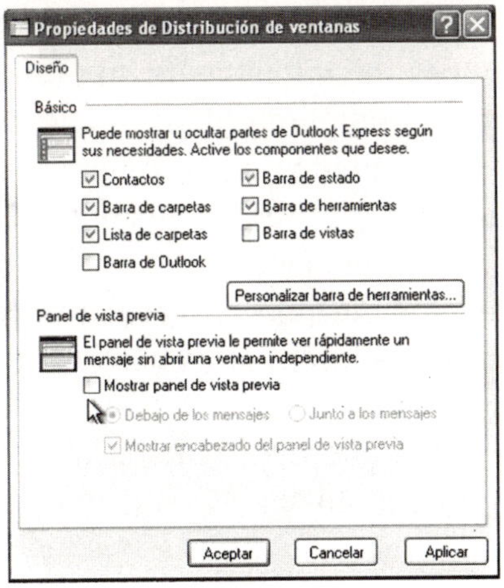

3 En esta ventana deberá quitar el tilde ***Mostrar panel de vista previa***, tal cual se ve en la imagen superior. Luego, haga clic en ***Aceptar***, y ahora Outlook Express se verá de la siguiente manera, ya sin el ***Panel de vista previa*** en la parte inferior.

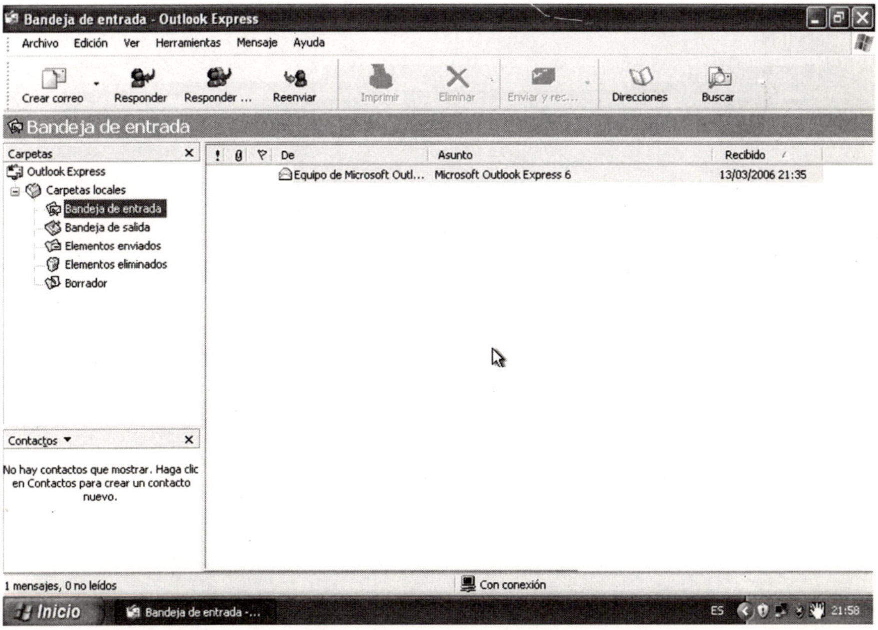

7.2.2 Evitar las cadenas de e-mails

A menudo, recibimos en la casilla de correo electrónico algunos e-mails que se repiten en el tiempo. En general, nos informan de algún presunto e-mail con cierto virus imborrable, prometen alguna ventaja económica por reenviar el mismo e-mail a varias personas, o simplemente son una presentación en PowerPoint, que promete que "se cumplirán todos tus deseos si reenvías el mismo dentro de los próximos diez minutos a por lo menos veinte personas".

Todo esto es falso. No tiene ningún tipo de sustento. Pensemos un momento en alguno de los ejemplos antedichos.

Recibimos un e-mail que promete que si reenviamos el mismo a la mayor cantidad de gente, una gran firma informática nos enviará un cheque por diez dolares por cada una de las personas que reciba el correo electrónico. Esto es imposible, pues esta gran firma informática tiene medios más efectivos que contabilizar correos enviados por un ignoto individuo perdido en un lejano país.

Todo esto sólo sirve para que personas inescrupulosas coleccionen direcciones de correo, a fin de enviar "correo basura" con publicidades.

Por ello, hay que tratar de evitar el reenvío de cadenas de e-mails, a fin de no saturar los servidores, y evitar diseminar las direcciones de correo de nuestros contactos.

8 ACTUALIZACIONES DEL SISTEMA OPERATIVO

8.1 ¿Por qué se debe actualizar el Sistema Operativo?

Vamos a empezar por definir "Sistema Operativo".

> ***Windows, en todas sus versiones, es un Sistema Operativo. Un Sistema Operativo es el programa básico que tienen todas las computadoras. Se pone en marcha cuando se enciende la computadora y carga los archivos necesarios para el funcionamiento de otros programas. Por ejemplo, son Sistemas Operativos el viejo MS-DOS, todas las versiones de Windows, LINUX en sus diferentes distribuciones y tantos otros.***

A medida que pasa el tiempo desde el lanzamiento de cada una de las versiones de Windows, aparecen problemas que se van descubriendo tanto en Microsoft como en los laboratorios que se dedican a ello.

Para cada uno de esos problemas, Microsoft desarrolla una solución y la libera al público, para que cada uno la instale en su computadora, a fin de mantenerla actualizada.

Microsoft publica estas actualizaciones en su página web, en un lugar especial, al cual se puede acceder en forma automatica. Y las instalaciones de cada una de estas soluciones es, también, automática.

Veremos a continuación el procedimiento para actualizar su Sistema Operativo Windows (el ejemplo se desarrolla sobre un Windows XP, pero es similar para todas las versiones).

Como ya dijimos, es un procedimiento muy simple, y sólo requiere de una conexión a Internet.

1 End **Acceda al menú de *Inicio* y, en la parte superior, verá una opción que dice *"Windows Update"*.**

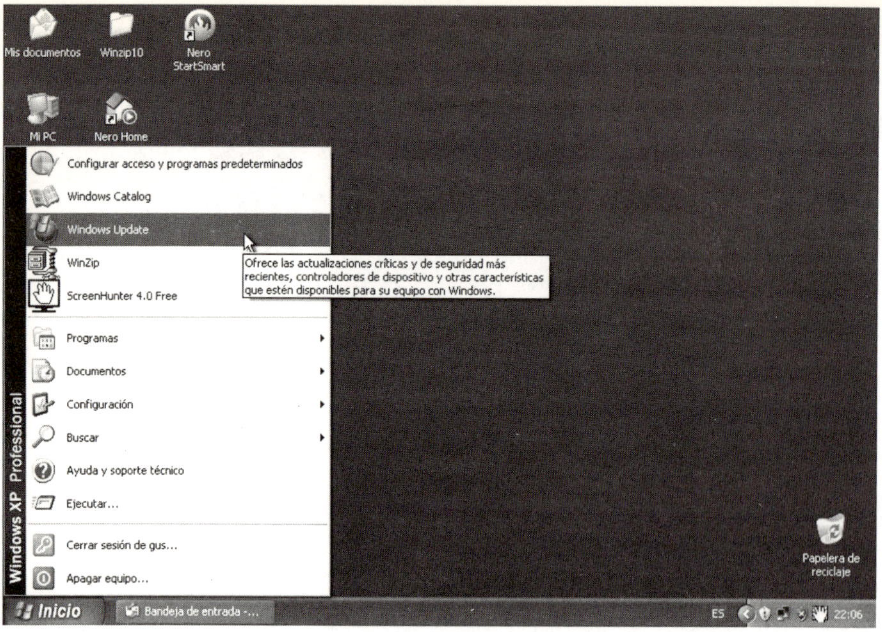

2 ↓ **Una vez que haga clic en esta opción del menú, se abre el navegador Internet Explorer, en la página de *Windows Update.* Una vez abierta, puede solicitar que usted instale la última versión del software de actualización. Si apareciera una ventana pidiendo que instale alguna actualización de este software, se debe aceptar.**

En la siguiente ventana se ve el proceso de chequeo sobre este último punto.

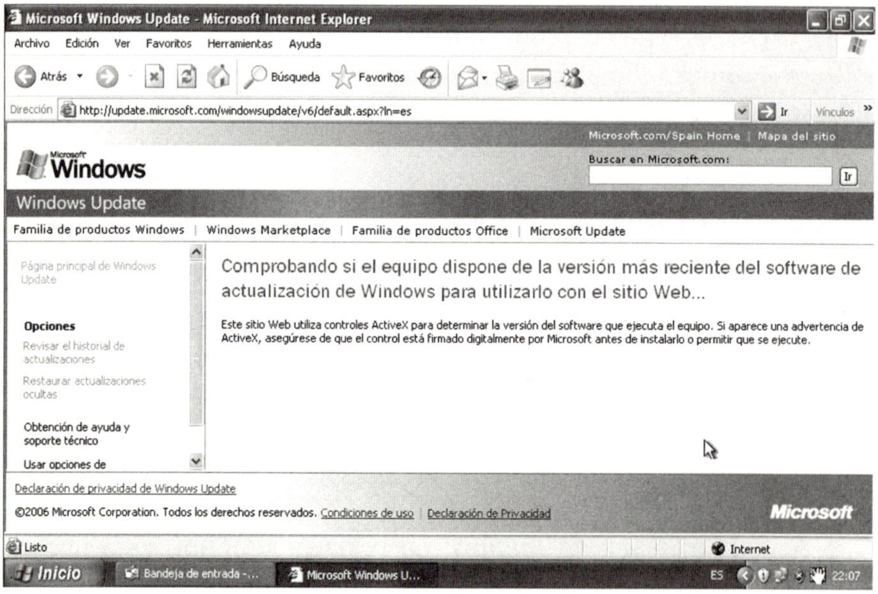

3 PgDn

Una vez chequeado esto, aparece la siguiente pantalla:

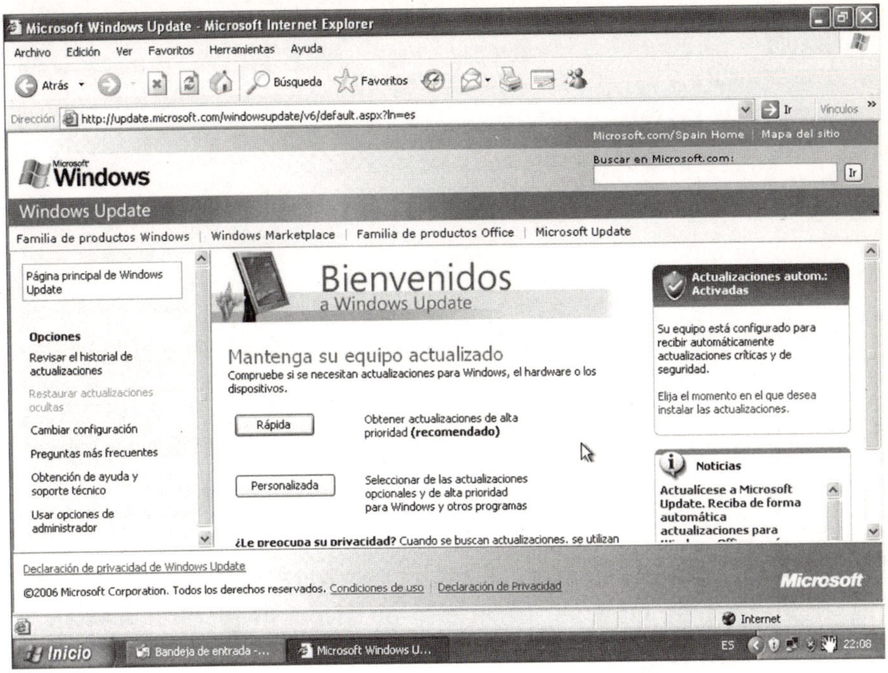

4 ←

En esta instancia, debe hacer clic en el botón *Rápida,* a fin de buscar e instalar las actualizaciones consideradas críticas para el equipo en cuestión. Y una vez activado el proceso, empieza un cotejo entre el equipo a actualizar y los servidores de Microsoft Windows Update, a fin de determinar cuáles son las actualizaciones necesarias.

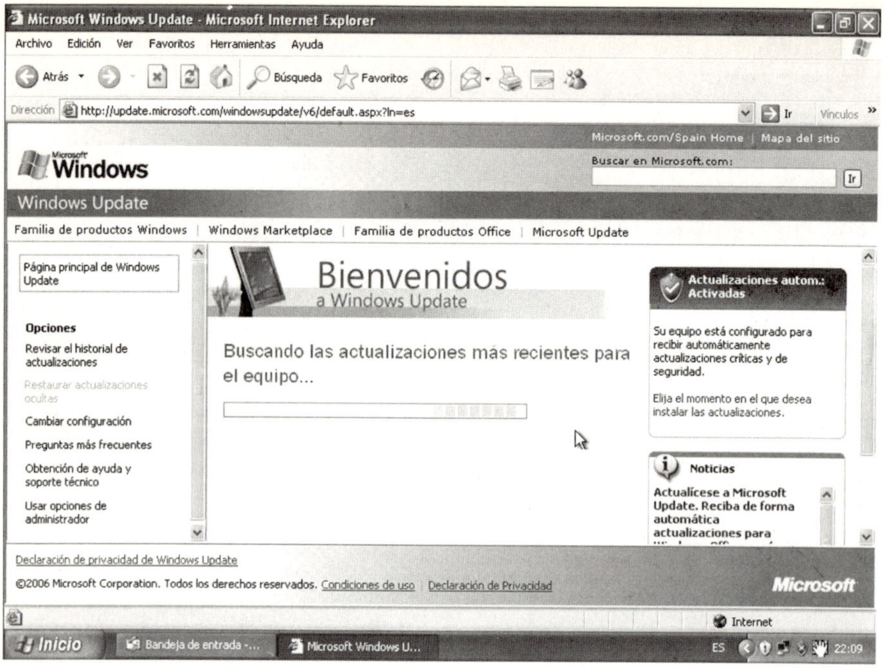

5 **Una vez que el chequeo termina, mostrará la pantalla con las actualizaciones críticas. Haga clic en el botón *Instalar Actualizaciones Críticas*, y el proceso se llevará a cabo casi sin intervención del usuario. Al final del mismo, puede que sea posible reiniciar su computadora, a fin de que se apliquen los cambios recientemente instalados.**

9 BACK-UP DE DATOS (COPIA DE SEGURIDAD)

9.1 ¿Qué es un back-up?

Vamos a empezar por definir "back-up".

> ***Se entiende por back-up o copia de seguridad –como se debe decir en perfecto castellano– la copia de resguardo de los datos de una computadora en un medio externo a la misma, para que, en caso de desastre o imprevisto, sea posible reinstalar en otra computadora todos los programas, más los datos generados por el usuario.***

Debemos estar preparados para responder afirmativamente a la pregunta del técnico, acerca de si tenemos nuestra propia copia de seguridad.

9.2 ¿Qué datos es necesario resguardar y cómo hacerlo?

Si en nuestra computadora ocurre un desastre de dimensiones, hasta el punto de que se hace necesario volver a instalar Windows, es muy sencillo reinstalar el sistema operativo; pero si no tenemos la copia de seguridad de nuestras creaciones, nos quedamos con una computadora totalmente vacía, y habiendo perdido años de trabajo.

Vamos a empezar por aclarar qué datos debe uno resguardar. Casi siempre, uno guarda las creaciones propias en la carpeta denominada **Mis Documentos**, ubicada en el escritorio de Windows, identificada con una carpetita amarilla.

También tendríamos que resguardar las carpetas que se generan en Outlook Express, el programa de correo electrónico, a fin de poder reinstalarlo y no perder los e-mails enviados y recibidos.

Para generar este resguardo, vamos a usar el programa Nero de grabación de Compact Disk, a fin de guardar nuestros datos en un cd-rom. Cabe destacar que cada cd-rom puede albergar 700 megabytes de información.

A continuación, describiremos el proceso de grabación.

1 End **Abra el programa Nero Express versión 6, uno de los más conocidos y difundidos programas para grabación de cd y dvd.**

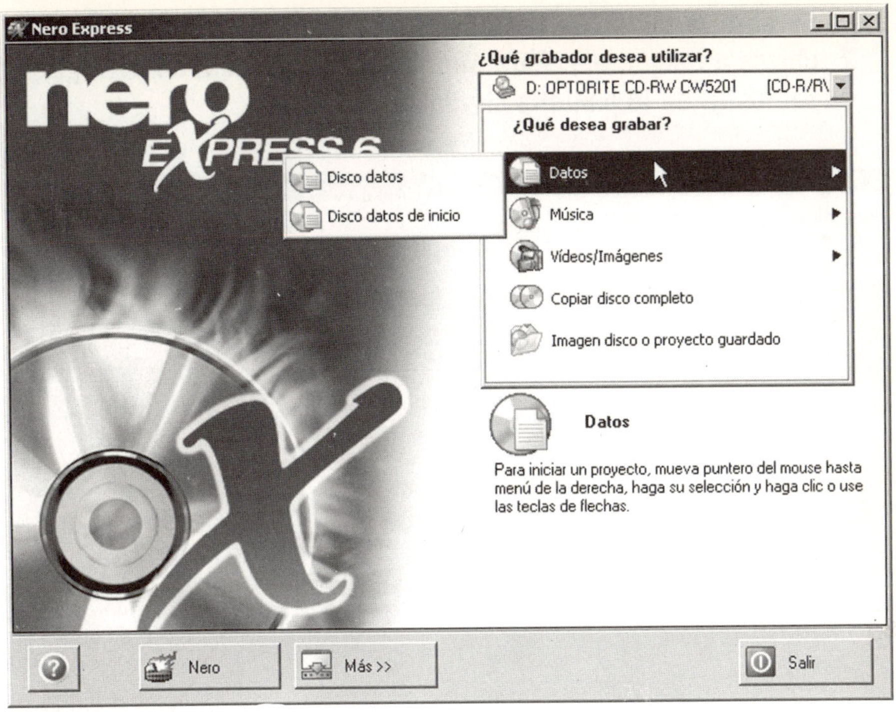

2 ↓ Elija la opción *Datos*, y en el submenú, *Disco datos*.

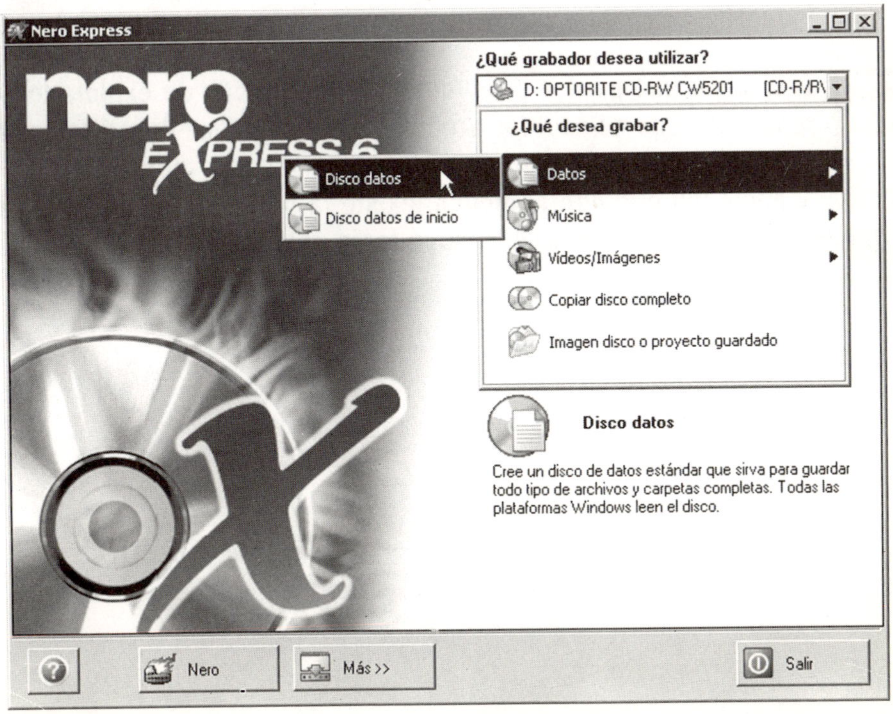

3 PgDn

Se abre la siguiente ventana, para comenzar a seleccionar los archivos a resguardar. Para ello, haga clic en el botón *Agregar*, como se ilustra en la pantalla siguiente.

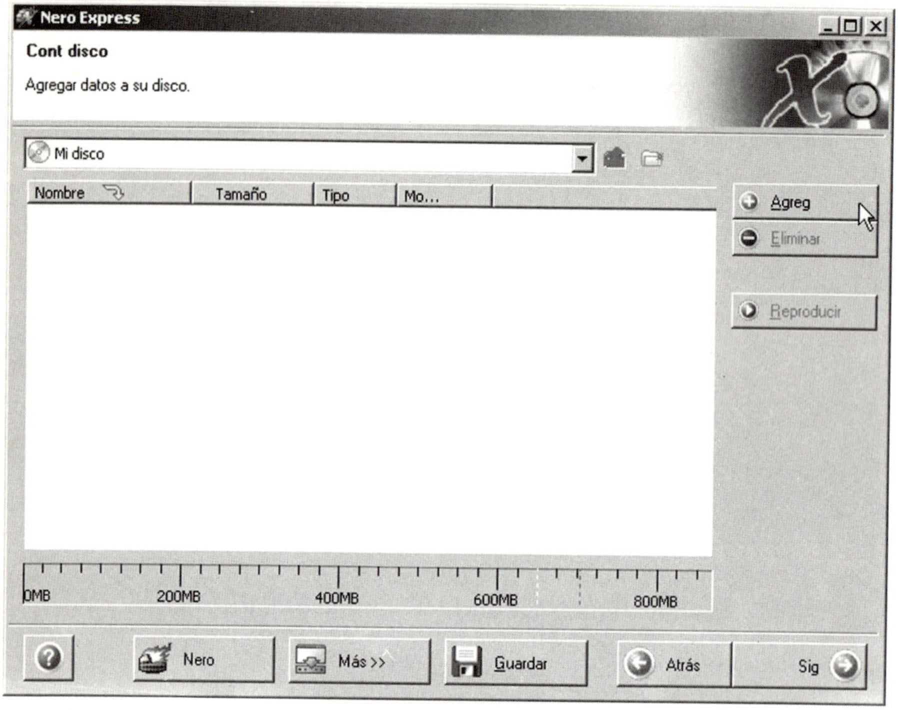

4 ←

Esto hace que pase a otra ventana que, a modo de explorador, permite que pinte de azul los archivos y carpetas que desea resguardar. Cabe destacar que manteniendo presionada la tecla *Control* en el teclado, y haciendo clic con el mouse, existe la posibilidad de pintar varias carpetas y archivos sin perder lo que ya tenía seleccionado.

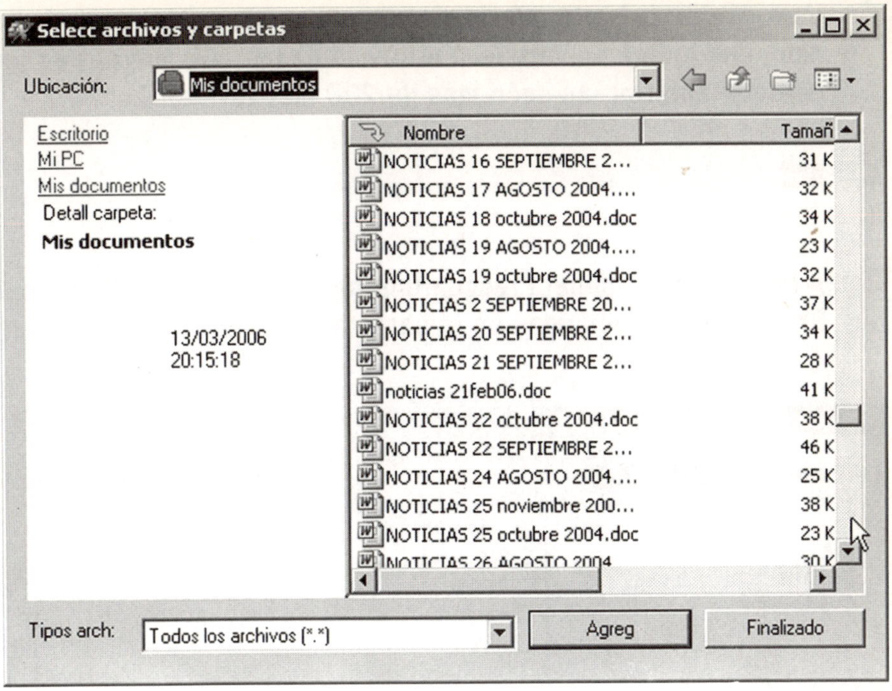

5 **Una vez seleccionado todo, apriete el botón *Finalizado* de la parte inferior, y volverá a la pantalla anterior.**

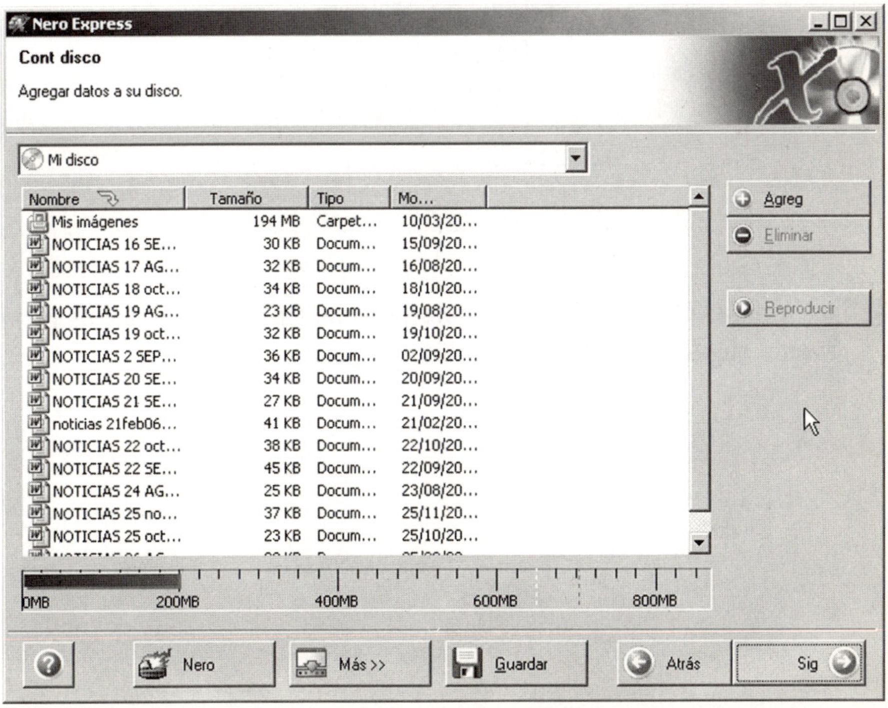

6 → **Verá que en la parte inferior aparece una barra de estado de color azul, que indica cuánto lleva utilizado de los 700 megabytes (en la pantalla anterior, un poco más de 200 megabytes).**

7 Home **A continuación, deberá resguardar también las carpetas de Outlook Express. Están ubicadas en la carpeta *Documents and Settings*.**

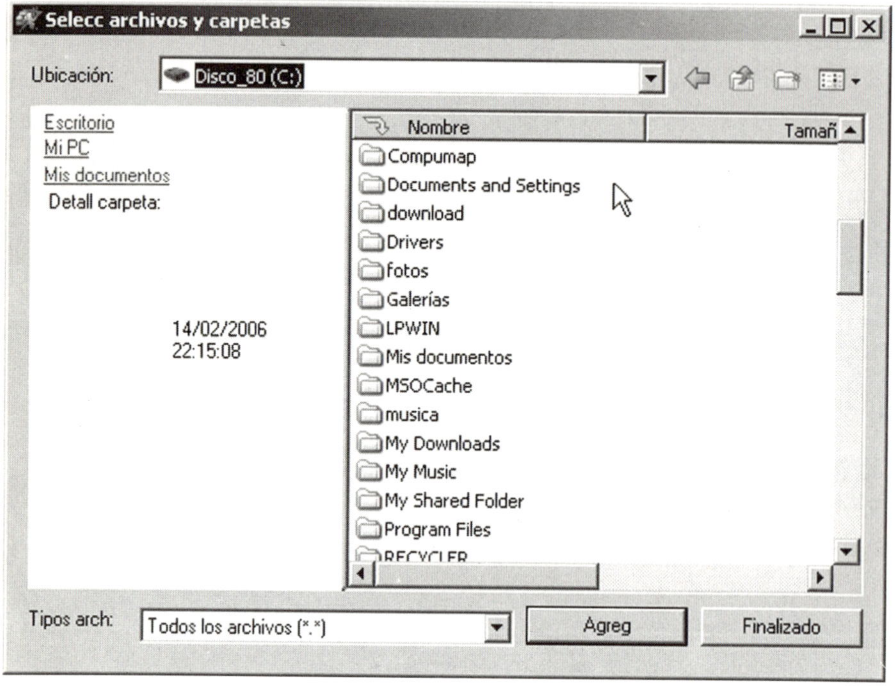

8 ↑ **En esta última, entre en la carpeta con el nombre del usuario que está registrado en la computadora.**

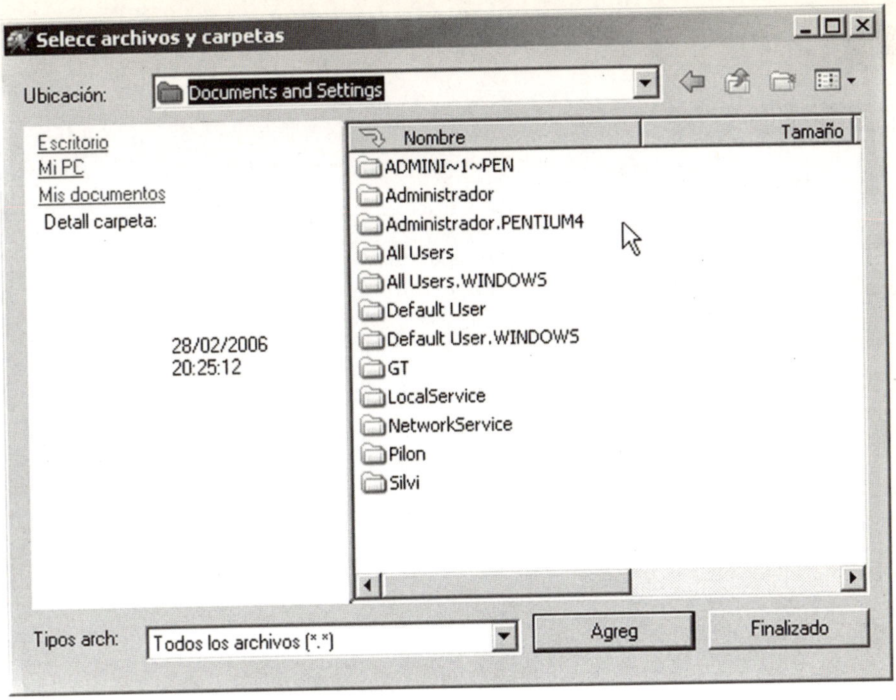

9 Pg Up **Luego, siga por *Configuración local.***

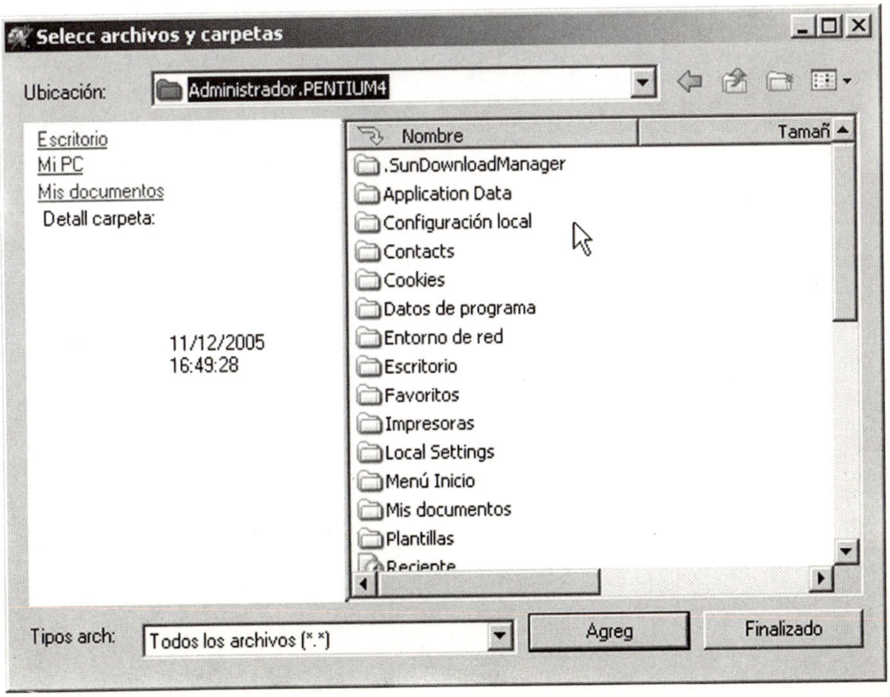

10 **Una vez allí, acceda a *Datos de programa*.**

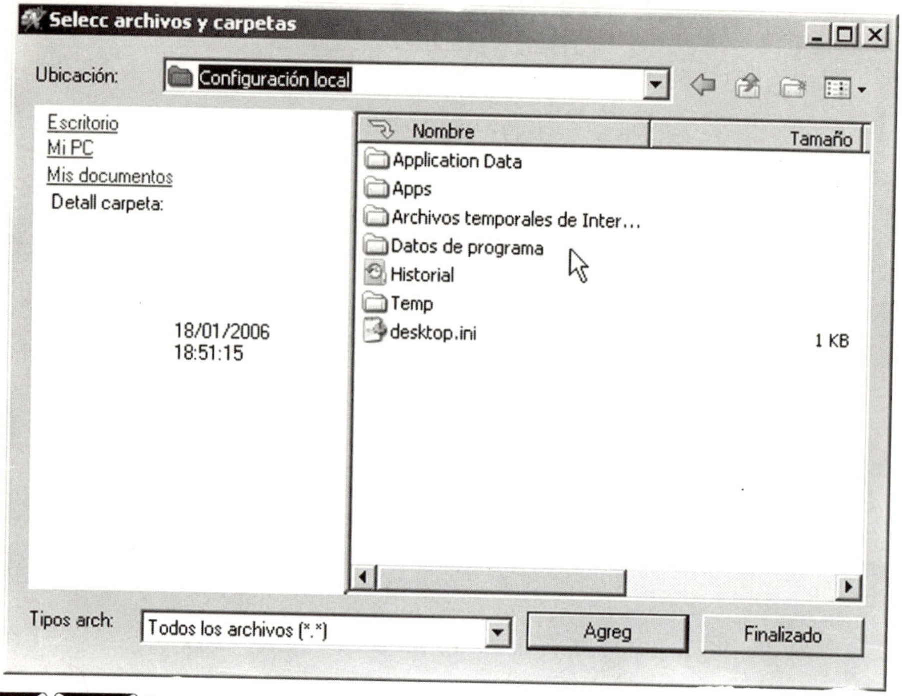

11 **Luego, seleccione la carpeta *Identities*.**

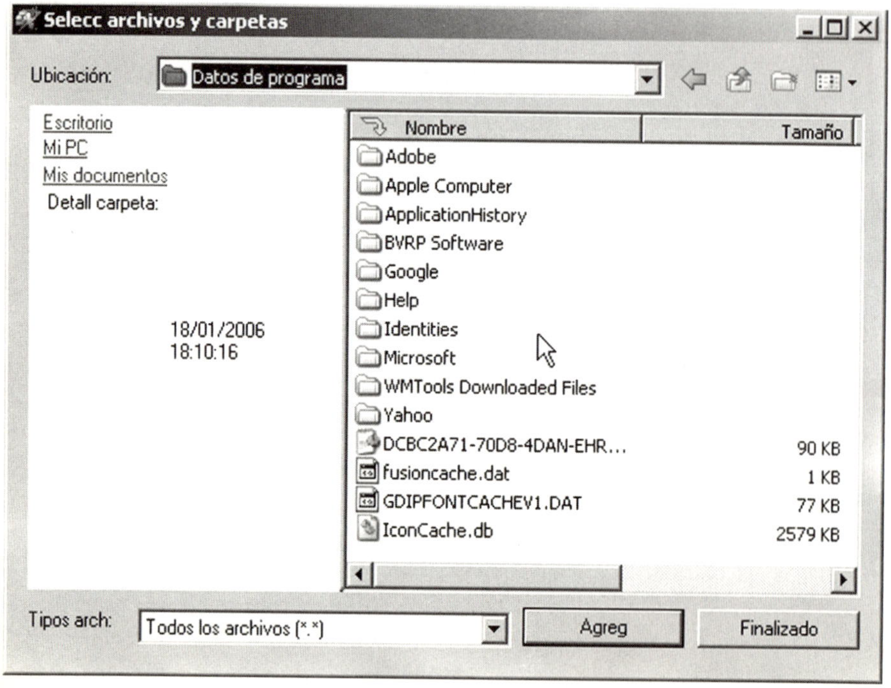

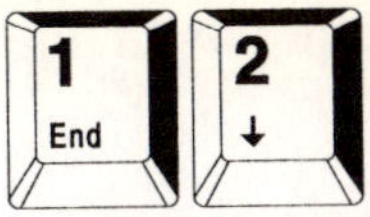

Entrará en una carpeta que tiene varios números y letras, identificando al usuario (si hubiera varias, conviene entrar y llegar hasta el paso final a fin de cotejar si la fecha corresponde a la última fecha de actividad del correo electrónico).

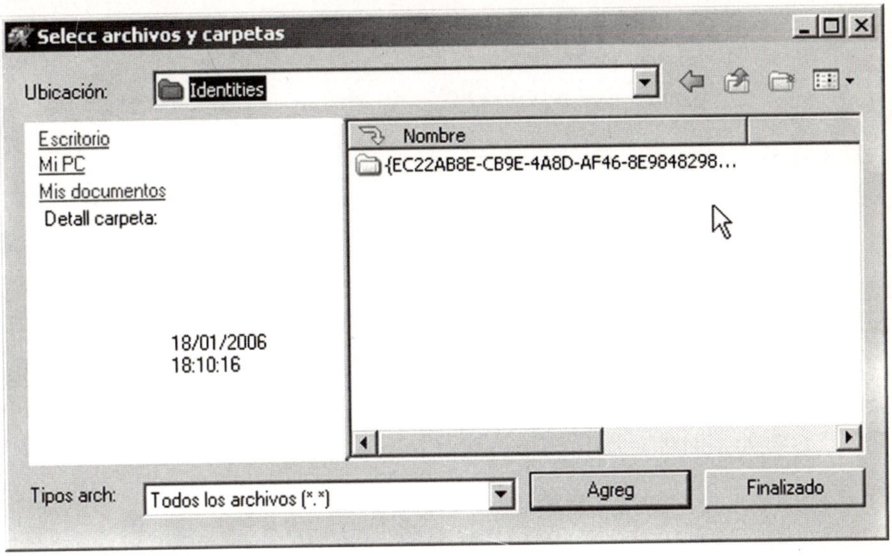

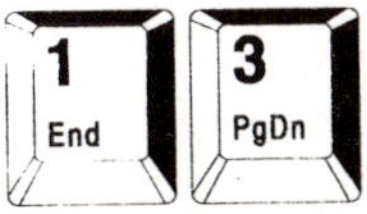

Dentro de esta carpeta, entre en la de *Microsoft.*

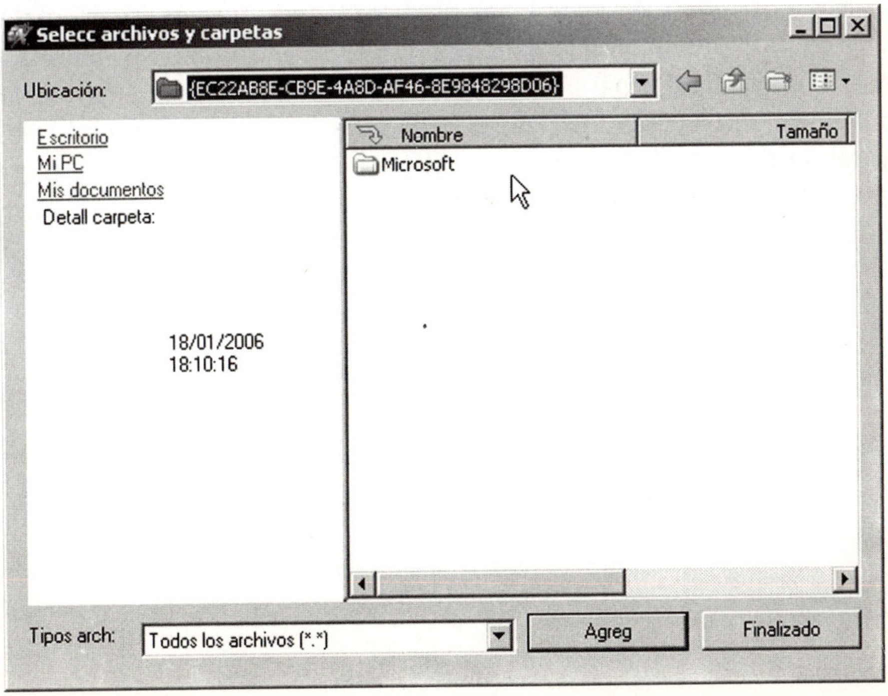

14 **Así llegará por fin a la carpeta Outlook Express, que es la que debe resguardar.**

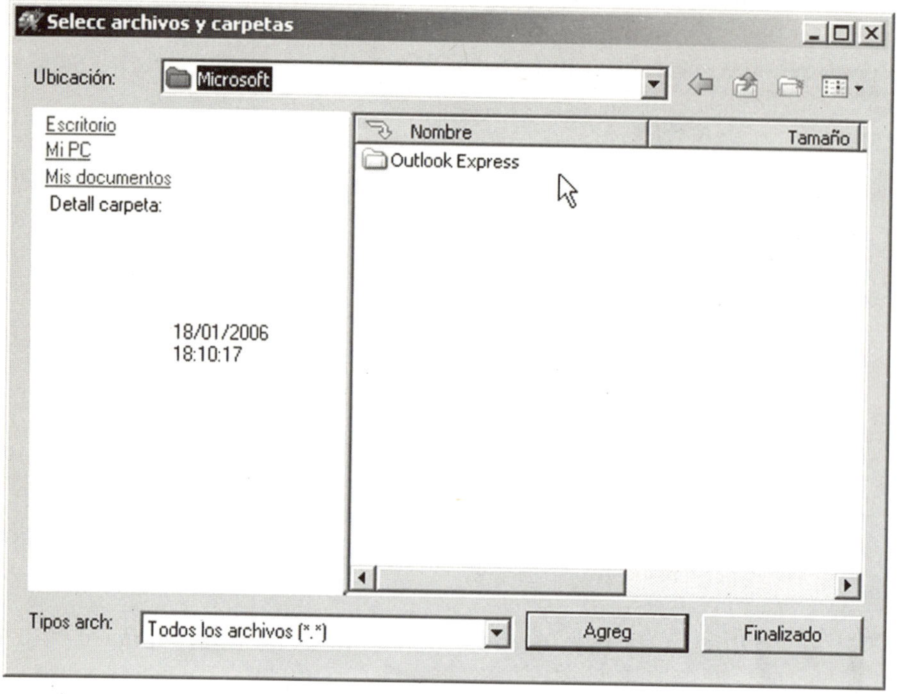

15 **Según se ve en la imagen superior, deberá hacer clic en el botón *Agregar*, para adicionar esta carpeta al proyecto de grabación que está generando en el cd-rom. Si hubiera más carpetas en particular para resguardar, se repite el proceso anterior tantas veces como sea necesario, y como lo permita la capacidad del cd-rom.**
Una vez terminado el proceso, haga clic en el botón *Finalizado*, y regresará a la pantalla de grabación, ya con todas las carpetas que se desean copiar, según se ve en la imagen siguiente:

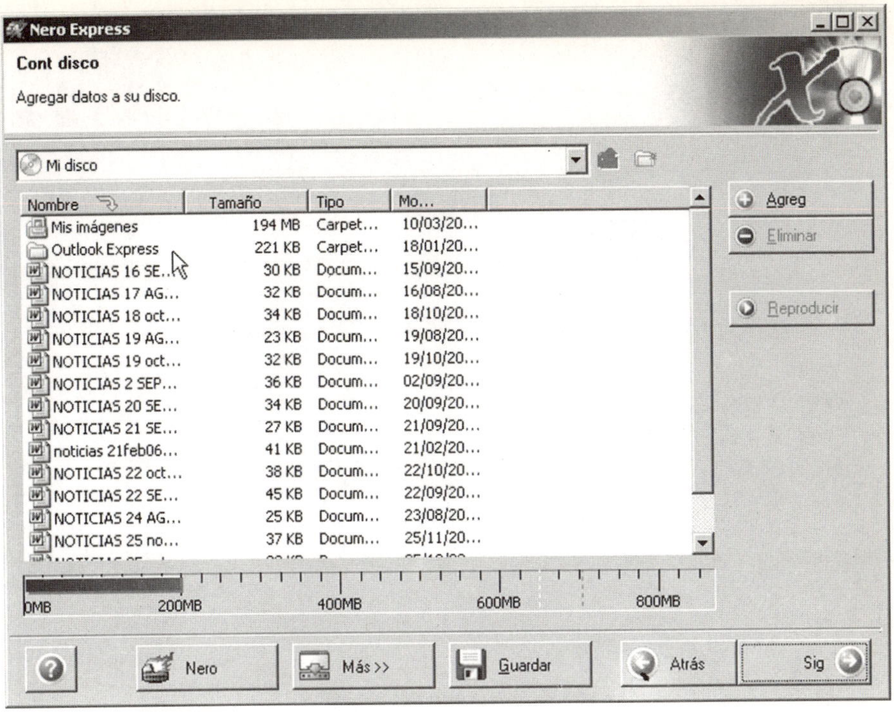

16 Una vez cumplidos todos estos pasos, haga clic en el botón *Sig,* ubicado en la parte inferior de la ventana, con lo cual accederá a la pantalla que le permitirá iniciar el proceso de grabación. Se puede activar el tilde en la opción *Verif. datos en disco después de grabar* a fin de que compare los datos originales con los copiados en el cd-rom, para chequear que la grabación fue exitosa. La primera de las opciones, *Agregar archivos más tarde (disco sesión múltiple),* permite que si no se ocupó toda la capacidad del cd-rom, se puedan agregar archivos más tarde. Veamos entonces la pantalla de la que estamos hablando:

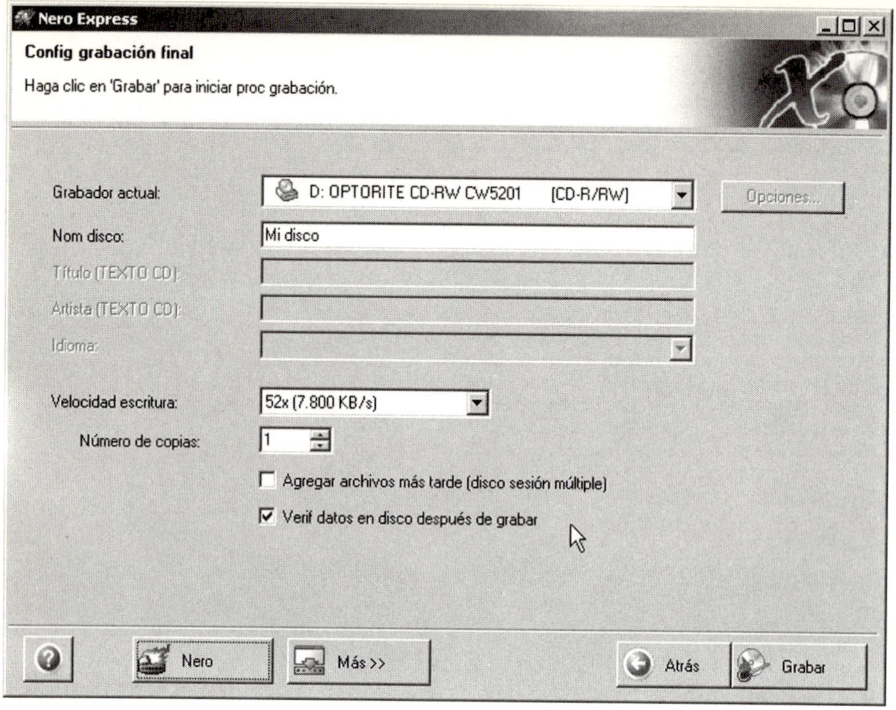

Con todos estos datos, haga clic en el botón *Grabar*, ubicado en la parte inferior de la ventana. El programa solicitará que inserte un cd-rom virgen en la grabadora, y comenzará la grabación. Después de unos minutos, una vez finalizado el proceso, abrirá automáticamente la grabadora y le permitirá extraer el disco grabado.

No es un proceso difícil, y lo puede sacar de aprietos. De ser necesario usar la información resguardada, simplemente se deben copiar las carpetas grabadas sobre la nueva instalación de Windows.

10 USO DE CONTRASEÑAS ROBUSTAS

10.1 ¿Qué es una contraseña robusta?

Vamos a empezar por definir "contraseña robusta".

Una contraseña es nada más ni nada menos que una sucesión de números y letras, que no pueda ser adivinada fácilmente ni asociada a datos del propietario de la contraseña.

Hoy por hoy, hay muchos lugares en donde tenemos que hacer uso de una contraseña. El cajero automático, la banca on-line, el correo electrónico, las páginas con contenidos exclusivos para clientes... todos los recién mencionados son ejemplos de sitios y situaciones que requieren que utilicemos una contraseña.

Algunos servicios nos proveen de una contraseña. En estos casos, es conveniente cambiarla por alguna que nos resulte familiar. Y en otros casos, directamente tenemos que crear nosotros la contraseña para el acceso.

En ambas situaciones, es absolutamente crucial el uso de una contraseña considerada robusta.

Y aquí quiero detenerme un momento para comentar este tema. Me ha pasado, en mi vida profesional, ver computadoras de usuarios con papelitos pegados en el monitor o en el teclado, donde está escrito el nombre de usuario y la contraseña de algún servicio al que están suscriptos. Esto es lo mismo que dejar la llave de la puerta de nuestra casa colocada en la cerradura, del lado de afuera, invitando al ladrón a entrar.

O también he visto el caso de usuarios que, alegremente, ante una llamada telefónica, proporcionaban su contraseña a cualquiera, sin saber si la persona que estaba del otro lado era quien decía ser.

10.1.1 Sugerencias para crear contraseñas

Volvamos a la contraseña robusta. Esta cadena alfanumérica de caracteres que debemos crear no debe contener ninguno de los siguientes datos:

- Número de documento.
- Nombre de hijos/hijas/esposo/esposa/madre/padre.
- Nombre de mascota.
- Fecha de nacimiento.
- Número de legajo laboral.
- Número de carnet del club.

¿Por qué no usar estos números o cifras? Porque cualquiera que conoce algo de nuestras vidas, o que puede averiguar con una simple consulta en un buscador de Internet, podría tener acceso a las claves para ingresar en un sitio al que supuestamente sólo accedería el usuario autorizado.

Lo más conveniente es crear una cadena alfanumérica que no tenga nada que ver con los datos personales que citamos anteriormente, y lo mejor sería memorizarla.

10.2 Cómo conservar su listado de contraseñas

En caso de tener que acceder a diversos servicios mediante una contraseña, lo más conveniente es definir una diferente para cada caso. Trabajar con una contraseña única es un error muy común en casi todos los usuarios, que tienen la misma clave para el cajero automático, para su correo electrónico y para acceder a su cuenta de banca on-line.

Lo mejor, entonces, es crear contraseñas robustas, todas diferentes, bien distintas entre sí, y cambiarlas cada dos o tres meses. Esta costumbre es buena, ante la proliferación de los ataques a sitios que incluyen listados de usuarios y contraseñas.

En caso de necesitarlo, anote sus contraseñas en un papel que guardará dentro de un accesorio que lleve consigo todo el tiempo –por ejemplo, oculto en algún lugar de su billetera–, y también podría estar cifrado, con algún algoritmo que sólo usted conozca y descifre.

Un ejemplo de esto último podría ser el siguiente:

Pongamos por caso que la contraseña que eligió para operar con banca on-line es el siguiente:

N654VRTS

Usted podría anotar esta clave en un papel que ocultará en su billetera, pero con la siguiente ley de formación: anotará esta clave, pero reemplazando letras y números por los inmediatos anteriores. Con este algoritmo, la contraseña consignada arriba pasaría a ser:

M543UQSR

Nótese que reemplacé cada letra o número por su anterior, y obtuve una contraseña nueva que no funcionará, salvo que yo le aplique el algoritmo elegido.

APÉNDICE
SOFTWARE LIBRE

En el presente Apéndice les presento algunas opciones de software libre. Se trata de direcciones de páginas web sumamente útiles para obtener programas para la PC, diseñados para personas que utilizan la PC tanto a nivel familiar como a nivel laboral.

Anti-Spam

MailWasher - http://www.mailwasher.net/

SpamBayes - http://spambayes.sourceforge.net/

Anti-Spyware

Ad-aware - http://www.lavasoft.de/software/adaware/

SpyBot Search & Destroy - http://spybot.safer-networking.de/es/index.html

SpywareBlaster - http://www.javacoolsoftware.com/spywareblaster.html

SpywareGuard - http://www.wilderssecurity.net/spywareguard.html

Anti-Virus:

AntiVir - http://www.free-av.com/

Avast - http://www.avast.com/eng/av4_version_comp.html

AVG - http://free.grisoft.com/

Correo electrónico

(Alternativas para reemplazar el Outlook Express)

Pegasus Mail - http://www.pmail.com/

Thunderbird - http://www.mozilla.org/projects/thunderbird/

Editores HTML

(Software para la creación de páginas web)

1st page 2000 - http://www.evrsoft.com/download.shtml

Trellian webPAGE - http://webpage.vendercom.com/

Generador de Archivos PDF

(Del tipo Acrobat PDF)

CutePDF - http://www.cutepdf.com/Products/CutePDF/writer.asp

PDFCreator - http://sourceforge.net/projects/pdfcreator/

Grabación de CD/DVD

Burn4Free - http://www.burn4free.com/

Burnatonce - http://www.burnatonce.com/

CDBurnerXP - http://www.cdburnerxp.se/

ImgBurn - http://www.imgburn.com/

Gráficos en 3D

3Delight Free - http://www.3delight.com/index.htm

Anim8or - http://www.anim8or.com/

Blender - http://www.blender3d.org/

Now3D - http://digilander.libero.it/giulios/Eng/homepage.htm

POV-Ray - http://www.povray.org/

Suite de Oficina

(Procesador de textos, planilla de cálculo, presentaciones y mucho más)

OpenOffice.org - http://www.openoffice.org/

Mensajero Instantáneo

Gaim - http://gaim.sourceforge.net/

Google Talk - http://www.google.com/talk/

Trillian Basic - http://trillian.cc/downloads

Telefonía por Internet

Skype - http://www.skype.com/
Voipbuster – http://www.voipbuster.com

Visores de Imágenes

Irfanview - http://www.irfanview.com/
Picasa - http://picasa.google.com/

ÍNDICE